碩学叢書
Sekigaku Library

プロフェッショナルサービスの
ビジネスモデル

コンサルティングファームの比較事例分析

高橋千枝子

【著】

THE PROFESSIONAL FIRM:
A Case Study of Consulting Business

発行所:碩学舎
発売元:中央経済社

はじめに

■**本書の位置付け**

　本書は、知識・情報社会の進展とともに関心が高まっているプロフェッショナルサービスのビジネスモデル、その中でもコンサルティングサービスに焦点を当てた分析を通じて、「知識」を核としたビジネスのマネジメント、を明らかにするものである。

　想定読者としては、経営学・商学分野、その中でもサービスマーケティング領域および知識マネジメント領域の研究者、そしてコンサルティングサービスをはじめとしたプロフェッショナルサービスの経営者層である。また知識経済社会到来の中、経営資源として「知識」を重要視している多くの企業にも参考になると思われる。

■**本書の問題意識**

　コンサルティングサービスに代表される「知識」を核としたビジネスを取り上げた理由は、筆者自らがプロフェッショナルサービスを提供する組織（以下、Professional Service Firm：PSF）での実務経験を通じて、自らが提供するサービスの価値や、PSFの在り方に関する問題意識を抱いたからである。

　コンサルティングサービスを提供する経営コンサルタントは国家資格を必要としない無資格ビジネスであり[1]、建築家やエンジニアのように目に見える有形物を生み出しているわけでもなく、仕事内容は"助言"、つまり口頭や書面でのアドバイスが中心となる。極端なことを言えば、特別な資格も生産設備も不要なため、誰でも明日から「私は経営コンサルタントです」と名刺を持って名乗ることは可能である。この参入障壁の低さが、脱税といった違法行為を指南するコンサルタントを生み出したりと、コンサルタントという存在に胡散臭さを感じる人は少なくないと思われる。

　しかしビジネスや政治の世界で"助言する人"の存在は決して小さくない。歴史を遡ると、歴史上の有力者の陰には参謀と呼ばれる人物が存在しており[2]、

自らが仕える有力者に対して助言を行い、問題解決や意思決定をサポートしてきた。現代ではこの参謀の役割をコンサルタント、コンサルティングサービスを提供する組織（以下、コンサルティングファーム）が担っている。例えば本書で取り上げる大手コンサルティングファームの1つであるマッキンゼー・アンド・カンパニー（以下マッキンゼー）はアメリカ・ホワイトハウス（オバマ前大統領）の政策ブレーンであるといわれており（ただしマッキンゼー出身者も含む）、同社だけに限らず様々な国の政策ブレーンとしてコンサルティングファームが関わるケースは少なくない。それがなかなか表に出ないのはコンサルティングファームと顧客[3]との契約、および所属コンサルタントと所属ファームとの契約により、顧客名やコンサルティング内容を明かすことを禁じられているからである。

　日本においても、メガバンクの組織改革や郵政民営化、道路公団の民営化、大手自動車会社の再建などに大手コンサルティングファームが関わったとされている。日本航空の経営再建のための資産査定および再生計画策定を担う「JAL再生タスクフォース」のプロジェクトチームには大手法律事務所（西村あさひ法律事務所）や大手コンサルティングファームの1つであるボストン・コンサルティング・グループ（以下、BCG）が関わったといわれる。その他には、マッキンゼーの東京大学（業務改革）やNTTドコモ（imode）、アクセンチュアの旭化成（Eコマース）や岐阜県（ITアウトソーシング）、ブーズアレンハミルトンの日産自動車（世界本社構築）、野村総合研究所のセブン＆アイホールディングス（電子マネー）などの事例がある[4]。

　つまりコンサルティングファームは政治の重要課題や大企業の経営戦略に関わっており、政治やビジネスの世界での存在はむしろ大きい。またコンサルティングサービスの対価として発生するコンサルティングフィー（報酬）は、マッキンゼーなど大手コンサルティングファームに依頼した場合、月額数千万円、数ヶ月のプロジェクトで億単位になるともいわれ、コンサルタントの報酬水準も高く、順調に昇格すれば年収数千万、パートナークラス（ファームの共同経営者）になれば年収1億円を超える人は少なくない。

　政治の重要課題や大企業の経営戦略に関わる仕事のスケール感、そして報酬の高さで、大手コンサルティングファームを目指す人は新卒、中途を問わず後

を絶たない。日本の最高学府である東京大学の学生もキャリア官僚を目指す人が減り、大手コンサルティングファームや投資ファンドを目指す人が増えているという。企業派遣で海外ビジネススクールを卒業した後、大手コンサルティングファームに転職するケースも珍しくない。

しかし政治の重要課題や大企業の経営戦略に関わり、優秀な学生やビジネスパーソンを惹きつけるコンサルティングファームは"ほんの一部"でしかない。なぜ"ほんの一部"のコンサルティングファームだけが、政治の重要課題や大企業の経営戦略に関わり、数千万や億単位のフィーを頂き、優秀な人材を惹きつけることが可能なのか。そこにはなにか特別なメカニズムやマネジメントがあるはずである。本書の問題意識の基軸はここにある。

■本書の構成

本書は、知識・情報社会の進展とともに関心が高まっているプロフェッショナルサービスのビジネスモデル、その中でもコンサルティングサービスに焦点を当てた分析を通じて、「知識」を核としたビジネスのマネジメントの中で、"なにか特別なメカニズムとマネジメント"を明らかにすることを目的としている。

第1章では「知識」を核としたビジネスであるプロフェッショナルサービスの特徴について、第2章ではプロフェッショナルサービスのビジネスモデルに関する先行研究をレビューする。第3章ではプロフェッショナルサービスの中でも、コンサルティングサービスに焦点を当てて、コンサルティングサービス市場の歴史と概況、代表的なファームの整理を行う。

後半は2つのケーススタディによって考察を行う。第4章では分析手法を整理し、分析対象企業を抽出する。第5章では戦略系コンサルティングファーム（マッキンゼー）、第6章ではIT系コンサルティングファーム（アクセンチュア）を取り上げ、知識創造を含めたコンサルティングプロセスとファームマネジメントという視点でケーススタディを行う。第7章ではケーススタディ結果をもとに考察を行う。まず2社の知識創造メカニズムの違いを再整理するとともに、検証課題に対する考察を行う。そして第8章では本書の主目的である"なにか特別なメカニズムとマネジメント"に関して結論を示すとともに、理論的・実

務的インプリケーションを整理し、今後の課題を示す。

また巻末の補章では、日本のコンサルティング産業の発展について考察している。日本のコンサルティング市場は欧米先進国と比べて小さく、日本のコンサルティング産業の発展経緯を振り返ることで、「日本のコンサルティング産業の発展が遅れている」背景と原因について分析している。

■本書の研究意義

プロフェッショナルサービスは、生産財およびサービスとしての２つの側面を持つが、これまで各々の研究においてやや周辺的な扱いを受けてきた。プロフェッショナルサービスにも営業活動を含む戦略的なマーケティングの必要性が提言されたが（Kotler　2002）、経営学分野におけるプロフェッショナルサービスに関する研究は十分に蓄積されているとはいえない。その背景として、社会学分野においてプロフェッショナルとは聖職者や医師、教育者といった「先生」的立場の専門職として捉えられ（Shapiro　1985）、いかに収益を高めていくか、いかに顧客を獲得するかという視点から離れていた（不要であった）ことも原因と考えられる。

本書は少なくとも２つの理由から研究意義があると考える。１つは、サービス経済化の進展で雇用は創出された一方、サービス業の労働生産性の低さが指摘されているが[5]、プロフェッショナルサービスのような付加的サービス[6]は生産性向上の手がかりとなるからである。もう１つは、かつて日本企業の競争力源泉は組織的知識創造といわれたが（野中　1990）、日本が生産市場としても消費市場としても魅力が薄れつつある昨今、知識を核としたビジネスのマネジメントは、PSFでなくとも、日本企業にとって生き残り策の参考になると考えるからである。本書がプロフェッショナルサービスを深く理解し、知識経済社会を生き抜くための参考になれば幸いである。

2017年春

高橋千枝子

■注
1 経営コンサルタントの国家資格として中小企業診断士があるが、保有していなくともコンサルタント業務を実施することができ、コンサルタントと名乗ることができる。
2 例えば中国の諸葛亮や張良、日本では山本勘助や竹中半兵衛など。主に軍事面や統治について助言を行っている。
3 PSFでは顧客企業をクライアントと呼ぶことも多いが、本書では顧客で統一する。
4 松永真理(2000)『iモード事件』角川書店、マッキンゼー・アクセンチュア・野村総合研究所・ブーズアレンハミルトンのホームページ等の公開情報より（現在は掲載されていない場合もある）。
5 南方・酒井(2006), pp.34-37。
6 「(付加的サービスとは)サービス生産時間は同じでも、顧客の個別的なニーズにきめ細かく対応することによって、より高い価格でも顧客の満足を得て付加価値を高めるものである。」南方・酒井(2006), p.170。

目　次

第1章　プロフェッショナルサービスの特徴 ―――― 1

1-1　プロフェッショナルサービスの特徴 ……… 1
　1-1-1　プロフェッショナルサービスの定義と特徴・1
　1-1-2　生産財およびサービスとしての特徴・4

1-2　プロフェッショナルサービスの購買メカニズム ……… 7
　1-2-1　プロフェッショナルサービスの購買目的と提供価値・8
　1-2-2　コンセンサス効果と正当性・10

1-3　知識創造メカニズムと知識ジレンマ ……… 12
　1-3-1　知識社会到来と知識創造プロセス・12
　1-3-2　プロフェッショナルサービスの知識創造プロセス・14
　1-3-3　知識財のジレンマ・17

第2章　プロフェッショナルサービスのビジネスモデル ― 21

2-1　プロフェッショナルサービスのビジネスモデル研究 …… 21
2-2　生産財の顧客適応戦略と標準化戦略 ……… 25
　2-2-1　顧客適応戦略・26
　2-2-2　標準化戦略・27
2-3　サービス工業化モデルと接点重視モデル ……… 28
　2-3-1　サービス工業化モデル・29
　2-3-2　接点重視モデル・31
2-4　先行研究の整理 ……… 32
2-5　検証課題 ……… 37

第3章 コンサルティングサービスの考察 ── 41

3-1 コンサルティングサービスの定義と特徴 …………… 41
3-2 コンサルティング産業の発展経緯 …………………… 43
　3-2-1　3つのWave（海外）・43
　3-2-2　日本のコンサルティング業界の発展経緯・47
3-3 コンサルティング産業の市場規模とファーム分類 …… 50
　3-3-1　コンサルティング産業の市場規模・50
　3-3-2　コンサルティングファームの分類・50

第4章 分析方法 ── 55

4-1 分析手法 ……………………………………………… 55
4-2 分析対象企業とデータソース ……………………… 56
4-3 分析視点 ……………………………………………… 58

第5章 ケーススタディ（戦略系ファーム） ── 63

5-1 企業概要 ……………………………………………… 63
5-2 知識創造を含めたコンサルティングプロセス ……… 65
　5-2-1　エントリー・66
　5-2-2　診断・実施計画立案・導入・68
　5-2-3　終了・フォローアップ・71
　5-2-4　知識創造プロセス・72
5-3 ファームマネジメント ……………………………… 77
　5-3-1　マーケティング・77
　5-3-2　人材マネジメント・78
　5-3-3　コーポレートブランドとアイデンティティ・81

    5-3-4　財務管理と資本参加・82
    5-3-5　新しい取り組み・82
  5-4　まとめ ………………………………………………… 83

第6章　ケーススタディ（IT系ファーム）──89

  6-1　企業概要 ……………………………………………… 89
  6-2　アウトソーシングサービスの概況 ………………… 96
  6-3　知識創造を含めたコンサルティングプロセス …… 99
    6-3-1　エントリー・99
    6-3-2　診断・実施計画立案、導入・100
    6-3-3　終了・フォローアップ・107
    6-3-4　知識創造プロセス・107
  6-4　ファームマネジメント ……………………………… 110
    6-4-1　マーケティング・110
    6-4-2　人材マネジメント・111
    6-4-3　コーポレートブランドとアイデンティティ・112
    6-4-4　財務管理と資本政策・113
  6-5　まとめ ………………………………………………… 113

第7章　考　　察──────────────119

  7-1　知識創造メカニズムの違い ………………………… 119
  7-2　知識財ジレンマの克服 ……………………………… 121
  7-3　正当性を高めるマネジメント ……………………… 123
  7-4　依存を高めるマネジメント ………………………… 127
  7-5　PSFの標準化・工業化の可能性 …………………… 129
  7-6　ファームパワーの確立 ……………………………… 131

第8章 結論とインプリケーション ——————135

- 8-1 結論 ……………………………………………… 135
- 8-2 理論的インプリケーション ……………………… 139
- 8-3 実務的インプリケーション ……………………… 140
- 8-4 今後の課題 ………………………………………… 142

補章 日本のコンサルティングサービス発展の考察 —145

- 補-1 日本のコンサルティング産業の市場と国際比較 ……… 145
- 補-2 コンサルティング産業の発展経緯（第Ⅰ世代）………… 149
  - 補-2-1 第Ⅰ世代〜海外市場・149
  - 補-2-2 第Ⅰ世代〜日本市場・156
- 補-3 コンサルティング産業の発展経緯（第Ⅱ世代）………… 162
  - 補-3-1 第Ⅱ世代〜海外市場・162
  - 補-3-2 第Ⅱ世代〜日本市場・169
- 補-4 考察（日本のコンサルティング産業の発展の遅れ）…… 175
  - 補-4-1 第Ⅰ世代の考察・175
  - 補-4-2 第Ⅱ世代の考察・180
- 補-5 コンサルティング産業の将来 ………………………… 186
  - 補-5-1 第Ⅲ世代の概要・186
  - 補-5-2 コンサルティングサービスの新しい波・189

《謝　辞》 195

《インタビューリスト》 198

《参考文献》 199

《索　引》 207

第1章

プロフェッショナルサービスの特徴

本章では、先行研究のレビューを通じて、「知識」を核としたビジネスであるプロフェッショナルサービスの全体像・特徴を明らかにすることを目的としている。1-1では、プロフェッショナルサービスが生産財およびサービスとしての2つの側面を持つことに着目し、プロフェッショナルサービス独自の特徴を見出す。1-2では、プロフェッショナルサービスの購買メカニズムよりサービスの提供価値を整理する。そして1-3では、「知識」を核としたビジネスであるプロフェッショナルサービスの知識創造メカニズムを明らかにする。

1-1 プロフェッショナルサービスの特徴

本節ではプロフェッショナルの定義を整理した上で、プロフェッショナルサービスが生産財およびサービスとしての2つの側面を持つことに着目し、プロフェッショナルサービス独自の特徴を見出す。

1-1-1 プロフェッショナルサービスの定義と特徴

そもそもプロフェッショナルサービスとは何なのだろうか。まずプロフェッショナルの定義から紐解いていくことにする。

プロフェッショナル（professional）を直訳すると「専門職（専門家）」である。Shapiro (1985) は、建築家、会計士、技師、科学者、医師、歯科医師、看護師、薬剤師、法律家、教育者、デザイナー、図書館司書、編集者、聖職者、新聞・

雑誌記者などを専門職としている。またCarr-Saunders and Wilson（1933）は次の4つを専門職の基準としている。第1は長期の教育訓練によって得られた専門化された知的技術を保有していること、第2はこの技術と倫理綱領の維持・統制を行う職業団体が組織化されていること、第3はその仕事には責任の概念が伴うこと、およびその表明としての倫理綱領が存在すること、最後（第4）はサービスを提供することに対する報酬は利益ではなく謝礼または給料の形による固定的報酬の形をとること、である。さらにWilensky（1964）は専門職の基準として、長期的な訓練によってはじめて得られる体系的な知識や教養に基づく専門技術、そして専門職の規範を信奉していることの2つを挙げている。

　これらの先行研究より、専門職とは長期の教育訓練によって得られた専門的知識・技術を保有していることと、専門職としての倫理規範を備えていることの、2つにまとめることができる。後者の専門職としての倫理規範とは、自らの専門的知識・技術に基づいて常に顧客の利益を最優先させようとする姿勢や専門職としての品位を保つ意識などのことである。

　「はしがき」でふれたShapiro（1985）があげた専門職には、医師や歯科医師、教育者、聖職者といった、対人的に提供されるものも含まれている。対人的サービスはヒューマンサービスとも称され、田尾（2001）は医療や保健、福祉や教育などのサービスを包括的にとらえた概念と定義し、島津（2005）は医療や福祉、健康、教育といった領域のサービスを、医師や歯科医師など専門職が提供していることもあり、プロフェッショナル・ヒューマンサービスと定義している。

　つまり先行研究におけるプロフェッショナル（直訳すると専門職）には、弁護士や会計士、技術者といったビジネス分野のプロフェッショナルと、医師や教育者、聖職者といったヒューマンサービス分野のプロフェッショナルとが混在している。後者のヒューマンサービス分野のプロフェッショナルの存在が、戦略やマーケティングの必要性を説く経営学分野において、プロフェッショナルサービスの研究が十分に蓄積されていない理由の1つと考えられる。医師や教育者、聖職者といった"先生"は、いかに稼ぐかといったビジネス視点とは無縁な存在と認識されてきたからである。本書で取り上げるプロフェッショナ

ルサービスは、医療や福祉、教育分野のプロフェッショナル・ヒューマンサービスではなく、ビジネス分野のプロフェッショナルサービス（プロフェッショナル・ビジネスサービス）を対象としている。以後、本書でのプロフェッショナルサービスとは、特に断りがない限りプロフェッショナル・ビジネスサービスのことを意味するものとする。

Kotler（2002）は、プロフェッショナルサービスとは「資格を持った人間が、助言という形でサービスを提供し、顧客の問題を解決するためのサービス」としている。具体的な職業として、会計士、弁護士、経営コンサルタント、建築家、エンジニア、医師をあげている。窪谷（1997）は、プロフェッショナルサービスとは、高度な専門性を背景に企業などで十分に対応できない事象に対して問題解決、分析、助言、ノウハウ・情報提供などを行う知的サービスのことであり、法律事務所、会計事務所、経営コンサルタント、マーケティング・セミナー業、シンクタンク、医療相談、通訳・翻訳などがこれに該当するとしている。さらにプロフェッショナルサービスのニーズが増大した背景として、企業経営のグローバル化、国際基準の導入、情報化の進展、経営内容の複雑化、企業の社会的責任の増大などをあげている。

さらにKotler（2002）はプロフェッショナルサービスとは、顧客1人ひとりのニーズに応じて、顧客との直接交流によって、その顧客のためにだけつくられるとしている。Maister（1993）は、プロフェッショナルサービスの特殊性として、仕事が個別受注型であること（仕事の個別性）、顧客との間に直接的で強い相互作用があること（顧客との接触性）の2つを挙げている。Schmenner（1986）は、サービス産業を顧客対応度と労働集約度とのマトリックスで分類し、顧客対応度が高く労働集約度の高い労働集約的なサービス産業分野をプロフェッショナルサービスとしており、該当する仕事として、医者、弁護士、会計士、建築家、投資銀行家をあげている。そしてAlvesson（2004）は、プロフェッショナルサービスを知識集約型企業（Knowledge-Intensive Firms）と称し、「高度に洗練された知識を用いること、あるいは知識ベースの製品を用いることによって市場に製品を提供している組織」とし、その特徴として、業務の性質、マネジメントや組織化について、知識ベースの仕事や独自性の高い顧客サービス、高い自律性の存在など、7つをあげている。

4

　以上の先行研究より、プロフェッショナルサービスとは次のようにまとめることができる。プロフェッショナルサービスとは、高度な専門的知識を持ち、顧客との直接的な相互作用によって、テーラーメイドな知識集約サービスを提供することで、顧客の問題解決を実現する、労働集約的なサービスである。そしてプロフェッショナルサービスを提供するプロフェッショナルは高い倫理規範と自律性を有している。

１−１−２　生産財およびサービスとしての特徴

　本書でのプロフェッショナルサービスはプロフェッショナル・ビジネスサービスを指しており、生産財としての側面と、サービスとしての側面との両方を有していることになる。生産財は企業の生産活動や組織の業務遂行のために使用される財であり、部品、原材料、機械・設備だけでなく、情報サービスや会計サービス、保守サービスなどの法人向けサービスも含まれ（高嶋・南　2006）、サービスも消費者向けサービスと法人向けサービスに分類できる。プロフェッショナルサービスはこの法人向けサービスの１つである（図１−１）。以後、生産財およびサービスの特徴に関する先行研究レビューを行い、プロフェッショナルサービス独自の特徴を見出していく。

　プロフェッショナルサービスの生産財としての側面について、生産財の分類に関する先行研究として、商品類型アプローチ[1]やCopeland（1924）による産

図１−１　生産財およびサービスとしてのプロフェッショナルサービス

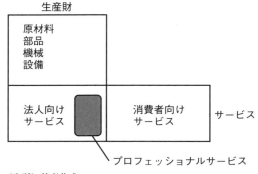

（出所）筆者作成

業財分類があるが、その中にはサービスは含まれていない。一方、Webster (1991) の産業財類型では建造物・機器・部品・原材料といった有形物に加えてサービス財が付加されている。高嶋・南 (2006) も情報サービスのように顧客に有償で提供されるサービスも生産財に含むとしており、保守サービスのように機械・設備とともに購買されるものもあれば、情報処理や会計業務のアウトソーシングされたサービス契約のようにサービス単体で購買されるものもある。

　ここまでで産業財という言葉と生産財という言葉が混在している。生産財マーケティングや産業財マーケティングという呼び方以外にも、インダストリアル・マーケティング、B to Bマーケティングとも言われる。ただしいずれも売り手も買い手も、消費者ではなく企業等の組織を対象としており、法人向けプロフェッショナルサービスを念頭に置いた場合、いずれの呼び方でも該当する。本書では生産財と呼ぶこととし、先行文献で産業財と明記してあるものはその表記に従う。

　高嶋・南 (2006) は生産財取引の特徴として、合目的性、継続性、相互依存性、組織性の4つをあげている。またWebster (1991) は産業財マーケティングが消費財マーケティングと大きく異なる点として、①機能的な相互依存性、②製品の複雑さ、③売り手・買い手の相互依存性、④購買プロセスの複雑さ、をあげている。つまり生産財取引は、売り手・買い手とともに組織として行動を行うということ、売り手と買い手が長期的かつ継続的な関係を構築するという、大きな特徴がある。前者の売り手と買い手が組織として行動を行うことは、組織行動論として研究されてきた（高嶋　1998、Robinson, Faris and Wind　1967、Webster and Wind　1972、Sheth　1973）。生産財の購入意思決定には、複数購買プロセスがあり複数関係者が関わっているが、必ずしも全てが合理的な意思決定とは言えず、非経済的要因や人間感情などが購買決定に何らか影響を与えている。しかし組織購買行動論は、購買行動の組織性を説明したものであり、継続性や相互依存性という生産財の特徴を説明できない。例えば継続的取引によって長期的関係を構築しようとする努力や、新製品開発などで顧客と協力して問題解決などを行うケースである（高嶋　1998）。

　こうした批判から企業間の関係性構築や相互作用に着目した相互作用アプ

ローチが展開されてきた（Hakansson 1982）。相互作用アプローチとは、売り手と買い手の双方が互いに働きかけるという双方向のプロセスであり、相互に問題解決をはかろうとし、長期的な継続関係を構築しようとするものである。企業間の関係性構築や相互作用に着目した研究は関係性マーケティングとして、組織購買行動論と関係性マーケティングとを統合する研究が行われている（Campbell 1985，余田 2000）。

次にプロフェッショナルサービスのもう1つの側面、サービスとしての特徴については、無形性、不可分性（生産と消費の同時性）、異質性、消滅性の4つにまとめられる[2]。これらのサービスの特徴はいくつかのマネジメント上の課題を生じさせている[3]。第1の無形性が故に、売り手はそのサービス内容の伝達の困難性を感じ、買い手はその購買に高い危険を感じることになる。第2の不可分性が故に、サービスの生産（提供）はやり直しができないだけでなく、顧客もサービス生産に関与せざるをえない状況が構造的に作り出される。第3の異質性が故に、サービスの品質水準を維持したり管理したりすることが難しい。第4の消滅性が故に、需要に応じて供給を調整（コントロール）することが難しい。プロフェッショナルサービスは無形であるために顧客が不安になりやすく、機械ではなく人（プロフェッショナル）がサービス提供するため品質管理を維持することは難しいといえる（Kotler 2002）。

1-1で整理したプロフェッショナルサービスの定義や特徴で、生産財の特徴およびサービスの特徴のいずれにも取り上げられていない特徴が2つある。第1は「高度な専門的知識・技能をベースとした知識集約性」である。プロフェッショナルサービスとは「知識」をサービス提供の原料とし、それに付加価値を加えることで、顧客に対して価値を提供する知識集約型ビジネスである（西井 2006）。

第2は「高い倫理規範と自律性」である。プロフェッショナルとして常に自らの知識・技能の研鑽に努め、顧客の利益を最優先するという高い倫理規範、そして組織に従属せずに独立した個としての存在を確立する自律性である。

このプロフェッショナルサービス独自の特徴である「高度な専門的知識・技能をベースとした知識集約性」については、生産財マーケティングやサービスマネジメントに関する先行研究アプローチでは明らかにならないため、プロ

フェッショナルサービスの購買メカニズムおよび知識創造メカニズムに関する先行研究について、次節以降にてレビューを行う。

なお、「高い倫理規範と自律性」を持つプロフェッショナルのマネジメント、いわゆるHRM（人的資源管理）に関する先行研究として、Alvesson（2004）やThite（2004）、三輪（2009）、Arthur and Rousseau（1996）、Hall（2002）などがある。知識労働者は組織に対して従来の労働者とは異なった意識を持っており、組織においても自律性を発揮し、自立した個としての存在を確立し、またその特性故に1人の専門家として最適の活動領域を求めている（松藤　2004）。Drucker（1993）は知識労働者の精神特性として、従属的な意識で組織への貢献を果たそうとせず、組織に従属させようとすることに強い抵抗感を抱くと分析している。知識労働者[4]は組織の中でも主体性・自律性を持つ存在であることを求め、組織で必要とされる専門性・価値観が自らのそれと合致していなければならず、組織の中で能力・スキルを高める機会を求める（松藤　2004）。これらが実現されない場合、知識労働者は組織や産業の壁を越えて活躍し、知識労働者のキャリアは自律的で変化に富んだものだと考えられている（三輪　2009）。

いずれも知識労働者の精神特性・労働特性を考慮した管理が必要となり、組織貢献より個人の専門的知識・技能を活かしたいというプロフェッショナルの志向を尊重することと、組織として知識の創造と共有化を図ることとの両立の重要性と困難さについて、論じられている。本書は知識を核としたビジネスのマネジメント、特にファーム（組織）に着目しているため、プロフェッショナル個々人のHRMのあり方については深耕しないものとする（前述のプロフェッショナルのHRM研究を参考にされたい）。

1－2　プロフェッショナルサービスの購買メカニズム

本節ではプロフェッショナルサービスの購買メカニズムに焦点を当てて、サービスの提供価値を整理する。プロフェッショナルサービスが購買されるのは単なる高度な知識・技能だけではなく、コンセンサス効果と正当性が重要な購買要因になっていることを示す。

1－2－1　プロフェッショナルサービスの購買目的と提供価値

　コンサルティングサービスをはじめとするプロフェッショナルサービスは生産財の1つであるが、慶應義塾大学の花田光世教授は、企業が生産活動や業務遂行のために外部から購買する財を、業務運営が内部または外部か、業務設計・計画が内部または外部かという2軸で分類を行っている（**表1－1**）。

　業務の設計・計画に対して外部が担うのがコンサルティングとアウトソーシング、さらに業務の運営が内部（社内）であるのがコンサルティング、外部であるのがアウトソーシングとしている。本書ではコンサルティングファーム2社のケーススタディを行うが、1社はコンサルティングサービスの提供、もう1社はコンサルティングにアウトソーシングを組み合わせたサービスの提供であり、両社の違いの1つは業務運営が顧客内部であるか、外部（サービス提供者：本書ではコンサルティングファーム）であるかである。

　では企業はどのような目的でプロフェッショナルサービスを購買するのだろうか。コンサルティングサービスの提供価値に焦点を当てて明らかにしていく。高橋（2005）は顧客の介入度の大小で、コンサルティングサービスの提供価値を整理している。ここでの介入とは人（コンサルタント）を媒介とした知識や情報の提供のことである[5]。介入度の小さい順から、①専門情報の提供、②専門ノウハウの提供、③専門ノウハウの指導・移転、④診断・問題点の抽出、⑤解決策の提示、⑥協働的問題解決、⑦政治的機能、と整理される（**表1－2**）。実際のコンサルティングサービスはこれらの提供価値が単独で提供されるだけでなく、融合されて提供される場合も多い[6]。

　①専門情報の提供と、②専門ノウハウの提供および、③専門ノウハウの指

表1－1　戦略的アウトソーシング（花田モデル）

		業務の運営	
		内部	外部
業務の設計・計画	外部	コンサルティング	アウトソーシング
	内部	人材派遣	外注（代行）

（出所）アウトソーシング協議会（2000）「サービス産業競争力調査研究」p.15より

表1-2 コンサルティングサービスの提供価値

①	専門情報の提供	マーケットデータや市場動向、業界動向などの専門情報・データの販売。セミナーや講演会、調査レポートの形式で提供する
②	専門ノウハウの提供	体系化されたプログラムやパッケージなどを販売。例えば営業社員教育プログラムや接客応対研修、品質管理マニュアルなど、ノウハウを研修やマニュアルの形で商品化したもの
③	専門ノウハウの指導・移転	特定分野のノウハウについて指導しながら顧客内に導入・定着させていくこと。例えば管理会計の仕組みの導入、給与制度の改定、品質検査基準の作成など
④ ⑤	診断・問題点の抽出 解決策の提示 ※④⑤は同時提供が多い	全社戦略や組織、マーケティング、営業体制など経営に関することに対して、様々な角度から分析を行い、適切な解決策を報告書の形で提供する
⑥	協働的問題解決	顧客がより良い答えを導けるように、その答えを根拠付けたり、より具体化するサポートを行う
⑦	政治的機能	実行すべき戦略や具体策が明確になっている場合、意思決定の後押しや、組織内での合意形成をサポートする

(出所) 村上 (1993)・高橋 (2005) より筆者作成

導・移転について、コンサルタントは顧客が必要とする知見を既に保有しており、それを提供することで顧客の問題解決を実現する。次の、④診断・問題点の抽出および、⑤解決策の提示については、コンサルティングサービス受注後の様々な分析によって適切な解決策を見出し、顧客の問題解決を実現するものである。①～⑤までは、高度な専門的知識・技術を提供することで顧客の問題解決を実現するという点で、コンサルティングサービスの一般的なイメージではないだろうか。

一方、⑥協働的問題解決および、⑦政治的機能については、一歩進んだコンサルティングサービスの提供価値といえる。⑥協働的問題解決とは、コンサルタント側が自らの知見を背景に適切な解決策を見出すのではなく、コンサルタントと顧客とのプロジェクトチームを組成し、顧客側と一緒になって考え、顧客自らが解決策を見出せるように支援することである。この協働的問題解決は、Schein (1978) が提唱するプロセス・ファシリテーターとしての役割と類似点

が多い[7]。Schein（1978）はプロセス・ファシリターターの２つのモデルとして触媒と促進をあげている。触媒とはコンサルタントは自ら解決策を持たないが、顧客自ら解決策を見つけ出すように支援する役割を果たす。促進とはコンサルタントはいくつかの解決策を既に持っていたとしても、顧客からより良い解決策が引き出せるように、グループワークなどで創造的なアイディアを生み出していく役割を果たす。協働的問題解決はこの触媒と促進の役割を果たすものである。

さらに、⑦政治的機能とは、意思決定の後押しや組織内での合意形成をサポートする黒子であり（村上 1992）、コンサルタントが社外のオーソリティ（権威）として、戦略や具体的施策のお墨付きを与える役割を果たすものである。企業規模が大きくなるほど派閥や上下関係、新しいやり方に対する社内の抵抗などにより、戦略が実行段階に移せない場合も多い。その場合、コンサルタントが外部のオーソリティ（権威）として、顧客が選択すべきベストな戦略のお墨付きを行うことで組織内の合意形成を生み出し、反対派の説得を行うこともある。政治的機能は最も介入度が高いコンサルティングサービスの提供価値である。

１－２－２　コンセンサス効果と正当性

１－２－１でコンサルティングサービスの役割が、高度な専門的知識・技術を提供することで顧客の問題解決を実現するだけにとどまらず、さらに顧客への介入度を高めて、協働的問題解決や政治的機能という役割を果たすことを示した。ここでは後者の政治的機能を更に深耕して、コンサルティングサービスを提供するファームの知名度や名声が購入理由に影響することを考察する。

消費財は必要でなくとも広告に接して購入する場合もあるが（衝動買い等）、生産財は企業（組織）の目的のために購入される（高嶋・南　2006）。よって生産財の広告（以下、産業広告と呼ぶ）の効果は限定的であるといわれる（竹村2004、高嶋　1998）。しかし産業広告には販売企業側の営業活動をサポートする３つの効果がある（竹村　2004）。第１はオープンザドア効果であり、事前に広告を通じて情報を得ていれば営業担当者と接触する心理的抵抗が低くなる。第２は問い合わせ効果であり、広告によって問い合わせを発生させ効率的な営業

活動ができる。第3はコンセンサス効果であり、広告を通じて企業や製品（サービス）の知名度を高めていくことで、購買意思決定のプロセスを容易にしやすくなる。つまり生産財であるコンサルティングサービスも、広告を通じてファームや提供サービスの知名度を高めることは、購入側の購入プロセスに影響を与えると考えられる（コンセンサス効果）。

　コンセンサス効果は購買段階の意思決定プロセスに焦点を当てたものであり、政治的機能は（コンサルティングサービス）購入後の合意形成支援機能に焦点を当てたものである。コンサルタント（コンサルティングファーム）は社外のオーソリティ（権威）として戦略や具体的施策のお墨付きを与える場合があると前述したが、お墨付きとは権威ある者から得た保証[8]のことであり、これは「正当性」効果ともいえる。

　「正当性」とは、法律・社会通念から正当であると認められる状態にあることである[9]。Scott（1995）は、支配的な社会規範によって支持される限り、権力は権威として正当性を有するようになり、国の機関や専門職業団体による資格証明書や認可は正当性を示すものとして用いられるとしている[10]。またSuchman（1995）は、正当性とは規則や価値観、そして基準など社会構造化されたシステムの中で、ある主体の行為を、価値があるとか、適切であるとか、あるいは妥当であるとする一般化された認識や理解としている。

　Khurana（2002=2005）はプロフェッショナルサービスの1つである、エグゼクティブ・サーチ・コンサルティングサービス（以下、サーチ・ファーム）[11]に焦点を当てて、企業が外部からCEOを招聘する際の正当性の影響を指摘している。新しいCEOを探す取締役達は、CEO後継者を選抜する過程や最終候補者が、株主やアナリスト、経済誌といった外部者から、客観的に"適切である"と認められるように努めようとする。広範囲の対象者から選んだ客観的な人材サーチを行ったというプロセスをアピールすることと、誰もが納得できる最良の人物が選抜されたという最終候補者の経歴が重要になる。そのため、権威のあるサーチ・ファームが雇われることになる。もちろんサーチ・ファームの実績やネットワークへの期待もあるが、もし失敗に終わったとしても、サーチ・ファームに責任を転嫁できる。権威のあるサーチ・ファームに依頼しても失敗したのだと言い逃れができるからである。

またKipping and Engwall（2002）は、コンサルティングサービスの品質を顧客に納得させるためにファーム（コンサルタント）の名声（reputation）が重要であり、既存顧客からの推薦が名声を広めて新たな顧客関係が生まれるというプロセスを通じて、正当性ある知識提供者として認められるとしている。

　プロフェッショナルサービスが正当性効果を持つのは、プロフェッショナルつまり専門職の起源に影響すると考えられる[12]。西欧では法律家、聖職者、医師を古典的な専門職という。それはこの3者が正常であるもの、適切であるもの、望ましいものを定義するからである。法律家は何が法律に適っているか、誰が有罪かを決定する。聖職者は何が聖であり、誰がタブーを破ったかを宣言する。医師は何が症状であり、誰が病気であるかを見極める。島津（2005）は、未開社会では呪術師がこのような機能を備えており、人々の運命にかかわる決定を行い得る力を備えていたとし、このような身分に付随した力はやがて職業として確立され、自己統制の機能を備えた職業集団を形成するようになったとしている。

　つまり顧客側はプロフェッショナルサービスの購買に関して、高度な専門的知識・技術の提供を通じた問題解決だけでなく、協働の問題解決、政治的機能、更にはこのコンサルタントやコンサルティングファームが言うなら間違いがないだろうという"お墨付き効果"も期待している。ただし"お墨付き効果"すなわち正当性効果を発揮するには、プロフェッショナル（またはPSF）の名声が必要である。名声があって初めて「このコンサルティングファームと契約しよう。」というコンセンサス効果が得られる。

　ではPSFはどのように名声による正当性効果を獲得し、コンサルティングサービスの購入につなげているのだろうか。本書で明らかにしていく。

1-3　知識創造メカニズムと知識ジレンマ

　本節ではプロフェッショナルサービス独自の特徴である「高度な専門的知識・技能をベースとした知識集約性」に焦点を当て、プロフェッショナルサービスの知識創造メカニズムについて考察するとともに、知識財ジレンマの存在を提示する。

1-3-1 知識社会到来と知識創造プロセス

知識社会の到来とともに、知識労働者への関心が高まり（Drucker 1999, Davenport 2005）、Toffler（1990）は知識がきたるべきパワーシフトのカギを握ると、知識の重要性を指摘している。

「知識」への関心の高まりとともに、1990年代後半から、「ナレッジマネジメント」（Knowledge Management）がなかばブームとなっている（野中・紺野 1999）。ナレッジマネジメントとは、個々人の知識や企業の知識資産を組織的に集結・共有することで効率を高めたり価値を生み出すこと、そしてそのための仕組みづくりや技術の活用を行うことである[13]。ナレッジ・マネジメントとは既存知識資産を対象とした情報データベースの構築・活用とされがちだが、それは既存知識資産の活用に過ぎず、真のナレッジ・マネジメントとは新しい知識を創り続けること、組織的知識創造を実現する「知識創造の経営」である（野中・紺野 1999, 野中・梅本 2001）。

野中・竹内（1996）は、「知識創造プロセス」によって、人間の知識が、暗黙知と形式知の社会的相互作用を通じて創造・拡大されるとし、このような相互循環を知識変換と呼び、4つの知識変換モードを提示している（SECIモデル）。

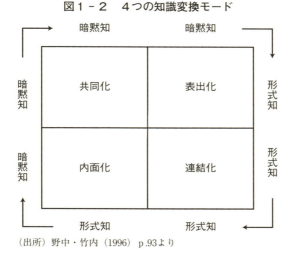

図1-2　4つの知識変換モード

（出所）野中・竹内（1996）p.93より

暗黙知とは主観的で言語化・形態化が困難な知識、形式知とは客観的で言語または形態に結晶された知識であり、知識創造プロセスとは暗黙知から形式知への相互変換とその循環的プロセスを通じた知識の質・量の発展である[14]。

　4つの知識変換モードとは、①個人の暗黙知からグループの暗黙知を創造する「共同化」、②暗黙知から形式知を創造する「表出化」、③個別の形式知から体系的な形式知を創造する「連結化」、④形式知から暗黙知を創造する「内面化」という段階プロセス（知識変換プロセス）である（図1−2参照）。この知識変換プロセスは一回きりの回転ではなく、日常的にスパイラル（螺旋）状に繰り返されることが必要である。この知識創造プロセスは個人的経験値から組織的共有知識へと発展することから「組織的知識創造」ともいわれる。

1−3−2　プロフェッショナルサービスの知識創造プロセス

　野中・竹内（1996）らは、日本企業は「組織的知識創造」の技能・技術によって成功してきたと主張したが、その調査対象企業はR&D組織を持つ企業（以下、R&D企業）がほとんどであり[15]、本書の対象であるプロフェッショナルサービスは主な調査対象になっていない[16]。

　Alvesson（2004）は、知識集約型企業をPSF（法律事務所、会計事務所、経営コンサルティングファーム、エンジニアリング・コンサルティングファーム、コンピュータ・コンサルティングファームなど）と、R&D企業（製薬企業、バイオテクノロジー企業、エンジニアリングに関する知識をベースとするハイテク企業）の2グループに分け、両者の特徴を整理している。両者の大きな違いは提供する商品の性質にある。PSFは「目に見えない商品」を、R&D企業は「目に見える商品」を取り扱うとしている。PSFもR&D企業も同じように知識や情報を生み出しているが、R&D企業はそれを具体的な商品の形（目に見える商品）に変えることによって価値を生み出している[17]。

　ではPSFはどのようなプロセスで「目に見えない商品」を生み出しているのだろうか。コンサルティングファームが生み出してきた様々な経営概念・手法は、流行性・有効性を持った経営知識として、マネジメントファッション（Management Fashion）と呼ばれる（Abrahamson 1996）。CRMやSCM、ISO9000、リエンジニアリング、バランススコアカード、CSR、CSV（共有価

値の創造）など、ビジネス書やビジネス誌で取り上げられてきた様々な経営手法・概念のことである。

　マネジメントファッションは次のようなプロセスで普及していく。まず経済環境変化により企業に何らかの経営課題が生まれ、その経営課題を解決する新たな経営手法へのニーズが高まる。そしてコンサルティングファームやマスメディア、ビジネススクールなどが新たな経営手法を仕掛けていく。高名な組織（企業）のマネジャーが自らの組織を下位組織と差異化するために新たな経営手法を取り入れ、次にその下位組織が同じ経営手法を取り入れる。そして両者は同型化へと向かっていく。このことが高名な組織のマネジャーのプレッシャーとなってより新しい経営手法の採用へ向かわせる。このようなプロセスによって次から次へと新たな経営手法が流行していくことになる（Abrahamson 1996、Abrahamson and Fombrun 1994、西井 2002）。

　つまりコンサルティングファームは、顧客に経営手法を導入するという、知識移転者（ナレッジ・トランスファー）の役割を求められている（Kubr 2002）。ただし知識移転とは一方通行ではなく双方向であり、コンサルタントは理論上の勉強で知識を得たり、経験豊富な同僚や全社的に蓄積されたノウハウから学び、実際に顧客と一緒に仕事をすることで経験やノウハウを得ている（Kubr 2002）。

　コンサルティングファームは経済環境変化に対応する経営課題解決方法をツールという実践的な手法に落とし込み、それを顧客に対して提供する。一方で顧客とのアサインメント（コンサルティングサービスのプロジェクトに参画すること）から、普遍性がある知識を抽出し、それをコンサルティング商品として再びコンサルティングサービスにおいて活用する。またはアカデミックな世界における新たな議論の原材料として利用される。言い換えれば、コンサルティングファームは自らが持つ最新・最先端の経営知識という形式知を顧客に導入し移転しようとすることで、顧客社員が持つ暗黙知を形式知へと転換させる働きを促進する。

　野中らの知識創造プロセスとは個人的経験値である暗黙知から社会的相互作用により組織的共有値である形式知へと創造・拡大させる循環プロセス（スパイラル）であり、R&D企業の場合、この形式知は「目に見える商品」へと物体

化する。一方、コンサルティングサービス・ファームの場合、流行の経営手法である形式知を顧客との相互作用により顧客に移転し、顧客先の暗黙知を形式知へと転換させ、また新しい経営手法を創造する。この経営手法が「目に見えない商品」である。つまりコンサルティングファームは、経営手法の移転者という役割だけでなく、知識創造者としての役割も果たしている。

　R&D企業とコンサルティングファームの違いの1つは、前述したようにアウトプットが「目に見える商品」であるか「目に見えない商品」であるかである。さらにR&D企業の相互作用は部門間もしくは部門内など主に自分の組織内で行われるが[18]、プロフェッショナルサービスはPSFと顧客との相互作用である。つまりプロフェッショナルサービスの知識創造プロセスはR&D企業のように1つの組織内で循環するのではなく、PSFと顧客との両方で循環するという特徴を持つ。

　このようなプロフェッショナルサービスの知識創造プロセスをまとめたものが図1-3である。ファームが①経営手法（形式知）を創造し、それを②顧客に導入・移転する。その導入・移転を通じて③顧客側に情報やノウハウ（暗黙知）が生まれ、ファームがそれを④知識資産として蓄積し、そこから新たな①経営手法（形式知）を生み出すプロセスである。

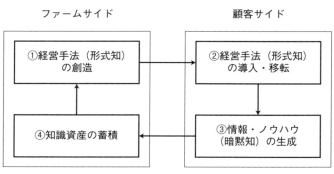

図1-3　プロフェッショナルサービスの知識創造プロセス

（出所）筆者作成

1-3-3　知識財のジレンマ

　西井（2006）はプロフェッショナルサービスを提供しているビジネスは「知識」をサービス提供の原料とし、それに付加価値を加えることで、顧客に対して価値を提供する知識集約型ビジネスとしている。

　野口（1974）は情報をプログラム情報（学問的理論、技術、ノウハウ、ハウツー的知識、生活の知恵）、データ情報（1次的情報－発見・予備的知識、2次的情報－市場情報・ゴシップ情報）、サービス財的情報（音楽や小説、絵画、映画）とに分類しており、プログラム情報を"知識"と呼ぶほうが適切としている。本書では顧客に対して有償で提供する知識を、他の知識や情報と区別するために「知識財」と呼ぶことにする。第2節でコンサルティングサービスの提供価値として整理した、専門情報・ノウハウの提供や、専門ノウハウの指導・移転、診断・問題点の抽出、解決策の提示のことである。

　プロフェッショナルサービスの知識創造プロセスはPSFと顧客との両方で循環するため、知識財は経営手法（形式知）を顧客側に導入・移転する際に、買手の能力の影響を受けるという性質がある（Kubr　2002）。具体的には買手の企業規模や生産能力、企業内での応用可能性、買手の知的能力レベルである。買手の企業規模や生産能力が大きく、導入・移転される知識財を応用できる部門が多く、買手の知的能力レベルが高ければ、知識財はより大きな価値を生む可能性がある（村上　1994b）。また知識財は買手が事前に評価することが難しいという性質もある（Arrow　1962）。買手が事前にその内容を知らなければ評価ができないが、その知識財を開示してしまったら、買手はその内容を知ってしまうので買う必要がない。これは消費の不確実性および不可逆性とよばれる（野口　1974）。

　知識財は買手の能力の影響を受けるという性質と、知識財は買手による事前評価が困難であるという性質の、2つの性質を知識財のジレンマと呼ぶことにする。知識財の価値が買手の能力のマイナス影響を受けないこと、そして購入以前に知識財の価値を評価されていることが、知識財を提供するPSFにとって重要と考えられる。

以上、本章では先行研究レビューを通じて、プロフェッショナルサービスの全体像・特徴を明らかにしてきた。プロフェッショナルサービスは高度な専門知識・技術の提供によって顧客の問題解決を図るだけでなく、協働的問題解決や政治的機能といった一歩踏み込んだ役割も果たしている。またファーム（所属するプロフェッショナルを含む）の名声による正当性効果を獲得することで、顧客のサービス購入の後押しになる。PSFはどのように名声を高め、正当性効果を獲得し、サービス購入につなげているのだろうか。ケーススタディを通じた検証課題の1つとする。

　そしてPSFの知識創造プロセスは、R&D企業のように主に自社組織内で循環するのではなく、常にファームと顧客との間で循環している。そのため、提供するサービスが買い手の能力の影響を受けやすい特徴がある。またプロフェッショナルサービス自体が「目に見えない」商品であるため、顧客側が事前に評価することは難しいという特徴がある。これら2つの特徴（知識財のジレンマ）は、PSFがサービスを購入してもらう場合においても、サービスを提供する場合においても、大きな課題になる。PSFはどのようにこの知識財のジレンマを解決・克服しているのだろうか。こちらもケーススタディを通じた検証課題の1つとしたい。

　本章は主にプロフェッショナルサービスの全体像・特徴について考察してきたが、次章ではプロフェッショナルサービスのビジネスモデルについて先行研究レビューを通じた考察を行う。そこで前述の2つの検証課題とともに、新たな検証課題を整理する。

■注
1　Lovelock. et al.（1999=2002）邦訳, pp.32-34。
2　Lovelock. et al.（1999=2002）、田村（1989）、高橋（1992）。
3　Lovelock. et al.（1999=2002）、高橋（1992）。
4　知識労働者の範囲は広く、高度な思考を行う人材だけでなく、比較的定型的な仕事に従事する人材も含まれている（Drucker 1999, Davenport 2005）。
5　村上（1993）, p.51。
6　村上（1992）, p.15。

7　Schein（1978）は、専門家には2つの種類があり、1つはコンテンツ・エキスパート、もう1つはプロセス・ファシリテーターとしている。コンテンツ・エキスパートとは、特定分野において深い知識を持っている専門家であり、顧客に対して専門情報の提供や専門ノウハウの提供を行っている。またプロセス・ファシリテーターとは、特定分野固有の知識を保有していないが、問題解決や思考プロセスの促進を行う専門家である。但しScheinの専門家とはコンサルタントだけでなく、教師やカウンセラーなど幅広い職業を含んでいる。

8　『広辞苑』より。

9　『広辞苑』より。

10　Scott（1995），pp.45-47。

11　エグゼクティブ・サーチ・コンサルティングサービスとは、企業のトップマネジメント（CEO等）を探索・紹介・斡旋するサービスである。

12　Ilich（1971=1979）邦訳，p.42。

13　野中・紺野（1999），p.7。

14　野中・紺野（1999），p.110。

15　野中・竹内（1996）では、花王、日産、ホンダ、新キャタピラー三菱、松下電器（現パナソニック）といった製造業が中心である。

16　ただし野中・紺野（1999），pp.58-60で、先進的実践企業の業種例として、コンサルティングがあげられている。

17　Alvesson（2004），pp.18-20。

18　ただしR&D企業も共同研究やOEMなどで外部企業との相互作用は存在する。

第2章

プロフェッショナルサービスの
ビジネスモデル

本章では、先行研究のレビューを通じて、プロフェッショナルサービスのビジネスモデルの考察を行う。

2－1ではPSFのビジネスモデル研究の中で、顧客ニーズによって提供価値は異なるため、異なるファームマネジメントが必要というMaister（1993）に着目する。そしてプロフェッショナルサービスが生産財およびサービスという2つの側面を持つことに立ち戻り、2－2で生産財の顧客適応戦略と標準化戦略、2－3で接点重視モデルとサービス工業化モデル、の2組の先行研究のレビューを行い、2－4でMaister（1993）との類似点と違いを考察する。2－5では第1章と本章の先行研究レビューより、以後のケーススタディを通じて検証する4つの検証課題を整理する。

2－1　プロフェッショナルサービスのビジネスモデル研究

本節では、プロフェッショナルサービスのビジネスモデルに関する先行研究をレビューし、その中でもMaister（1993）の先行研究に着目する。本書でのビジネスモデルとは、提供価値やそのための経営資源の調達や組み合わせ、コミュニケーションやチャネル、価格体系などのビジネスデザインという意味でとらえている（国領　1999）。

プロフェッショナルサービスに関する研究は、プロフェッショナル（専門職）の特性に着目した研究が中心であったが（Wilensky　1964, Greenwood

1966, Shapiro 1985, 長尾 1995)、プロフェッショナルサービスを提供する組織（PSF）を研究したものとしてGummesson (1978) がある。Gummessonはプロフェッショナルサービスの構成要素を8つ定め、PSFのインプットとアウトプット、そしてPSFのオペレーションの要素を明らかにした。経営資源（インプット）として、①専門的ノウハウ、②個々のプロフェッショナル、③その他の3つ（ファームの大きさ・ローカルオフィスの数・コンピュータ等）、受託成果（アウトプット）として④問題解決、⑤解決の実行、⑥実行結果[1]の3つ、実際のオペレーションとして、⑦診断、問題設定・目標設定、⑧運営方法（顧客常駐、定期訪問など）の2つをあげている。このうち①専門的ノウハウ、②個々のプロフェッショナル、④問題解決、⑧運営方法の4つが必要構成要素であり、残りの4つは、あれば望ましいオプションとしている。

　さらに人的資源管理や組織管理を中心としたPSFのマネジメントを提示したのがSchmenner (1986) である。Schmmennerは、顧客対応度と労働集約性が高いというプロフェッショナルサービスの特徴を前提として、顧客対応度への対策としてコスト増対応・品質維持・サービスプロセスへの顧客参加対応・人的提供サービスの促進管理・フラットな組織管理・従業員ロイヤリティ獲得をあげており、労働集約性の対策として人材獲得・教育・メソッド開発と管理・従業員の福利・労働力計画・遠方拠点の管理・新ユニットの操業・成長管理をあげている。

　これらの先行研究は、PSFには他のサービスビジネスと異なる管理の必要性を提示しているが、具体策まで掘り下げられていない。PSFの全体像をとらえて具体策まで提言しているものとして、Kotler (2002) とKubr (2002=2004) がある。

　Kotlerは、プロフェッショナルサービスのマーケティング課題を整理した上で、プロフェッショナルサービス（PSF）のターゲティングやマーケティングミックスのあり方について論じている。例えばマーケティング組織（機能）の構築の必要性や、顧客維持戦略と関係構築戦略などの取り組みについて言及している。一方、Kubrは、コンサルティングサービスの具体的な実務を示しており、コンサルティング産業の現況とともに、コンサルティングの各プロセスにおける実務事項や留意点について説明している。例えば顧客との接触方法や

インタビュー方法などを示しており、コンサルティングの手引書ともいえる。

その他にもScott（2001）は、プロフェッショナルサービスの一般的なモデルとして、顧客戦略、サービスミックス、価格戦略、プロセス効率化と組織構造、人材募集とインセンティブそしてキャリア管理、財務管理とプロセス管理の6項目をあげ、それぞれの仕組みや留意点について示している。その中で、顧客戦略において、サービスタイプや分野（sector）を絞り込むことで、スキルが洗練され、信頼を得て、ニッチ市場での地位を獲得できるとしている。具体的なPSFとして、報酬コンサルティングに特化してきたHayやTawers and Perrin、スポーツマネジメントとスポンサーシップに絞ってきたIMGやISL、幹部報酬や動機付けコンサルティングに集中してきたThe Maritz Groupなどのファーム名をあげている。一旦、ニッチ市場での地位を獲得すれば、簡単には覆されず、ターゲット顧客の中でその名声をとどろかし、さらにその分野に関心のあるプロフェッショナルが自然にその"よく知られたブランド"に引き寄せられ、結果として際立ったポジションを確立できる、としている。

Scottは、PSFがサービスタイプや分野（sector）を絞り込む必要性を指摘しているが、対象分野を広くするか狭くするかの視点のみで論じており、具体的にどのようなサービスタイプや、どのように絞り込みをするべきかまで言及していない。

PSFのサービスタイプの違いとそれぞれのマネジメントについて示したのがMaister（1993）である。Maisterは顧客ニーズはそれぞれ異なっているため、どのニーズに応えるのかを決め、すべての業務を統制する必要があるとしている。Maisterは顧客がPSFに求めるものとして、頭脳の優秀さ（Expertise）、経験の豊かさ（Experience）、効率性の高さ（Efficiency）をあげており、それぞれに対応するサービスタイプとして、頭脳型サービス・経験型サービス・効率型サービスの3種類に分類している。

まず頭脳型サービスの場合、顧客は非常に複雑で新規性の高い課題の問題解決を求めている。PSFはその課題に対して、いくつかの伝統的な問題解決手法を活用しながら徹底的な分析を行い、高度にカスタマイズされたサービスを行う。スタッフは優秀な学校のトップ卒業生から構成され、徒弟制度的な人材育成のもと、厳しいアップ・オア・アウトシステム[2]が優秀な人材レベルを維持

する仕組みになっている。非常に複雑で創造的な問題解決に取り組むため、スタッフは顧客にびっしりと張り付いて高い時間単価を請求し、フィーは高額である。また新しい問題解決手法や分析手法などのメソッド開発に常に取り組み、本を出版したりメディアに取り上げられることで、プロフェッショナルとしての地位や名声を高めていく。頭脳型サービスを常に求める顧客の数自体は少ないため、顧客ミックスは多様で常に変化する。

　次に経験型サービスの場合、顧客は特定領域・分野において、他社での豊富なサービス経験に基づいた解決策の提供を求めている。ファームは過去業務の経験と知識を内部で共有して、顧客のニーズや状況にあわせて再構成して解決策を提供していく。経験や知識は個人ではなく組織に蓄積され、顧客も個人の知力より、自社に役に立つ組織の豊かな経験を重視する。また頭脳型サービスのような複雑で新規性の高い案件ではなく、特定領域・分野における知識やスキルをベースにしたサービスを実施していくため、訓練され経験を積んだアソシエイト[3]レベルが活躍することになる。彼らの時間単価はそれほど高くないため、頭脳型サービスよりはフィーは低くなる。また特定分野・領域の専門知識などをパンフレットやニュースレター、セミナーの形で発信して知名度を上げていく。

　最後に効率型サービスの場合、顧客はよく知られた見慣れた課題に対して、コスト・信頼性・スピードといった効率性を重視した解決策の提供を求めている。ファームは特定テーマに特化しており、手法や進め方についてシステム化やマニュアル化が確立している。フィーを抑えるため、若年層レベルのスタッフや準プロフェッショナル、プロフェッショナルの作業をテクノロジーで代替する。見慣れた業務を扱う最適の方法を考案し、質の保証と生産性のため短期での測定管理を必要とする。一般的に利益率は低いため、多くの案件をこなしていかなければならない。顧客獲得活動は、効果を明確に訴求するパンフレットやプレゼンテーション、特定サービスの推奨広告によって行われる。

　これら3つのサービスタイプを整理したものが図2－1である。
　Maisterは、PSFのビジネスモデルが顧客ニーズによって複数（3種類）存在することを示した。このMaisterの研究を、本書のテーマである「知識」を核としたビジネスのマネジメントを明らかにするために依拠する先行研究の1つ

図2-1 プロフェッショナルサービスの3つのタイプ

頭脳型サービス	経験型サービス	効率型サービス
高度で複雑な問題解決	特定分野の問題解決	見慣れた課題の問題解決
高度にカスタマイズ対応	過去経験に基づく解決策	システム・マニュアル化
経営メソッドの活用と開発	経験・知識は組織に蓄積	業務はIT代替
少数のクライアント	安定クライアント	多くのクライアント
高額フィー	＞	低いフィー

（出所）Maister（1993）を参考に筆者作成

とする。Maisterの研究において不十分な点は、具体的に実在PSFを取り上げて3つのタイプを詳細に説明していない点である。ケーススタディを通じてMaisterが示した、PSFの異なるビジネスモデルとそのマネジメントを明らかにしていく。

また本書が目指す研究意義は、PSFに限った貢献だけではなく、労働生産性の低さが指摘されるサービス業全般の生産性向上の手がかり、そして知識を核としたマネジメントをPSF以外の企業が生き残り策の参考とすることでもある。このような広範な貢献を実現するには、PSFに関する先行研究では不十分である。よってプロフェッショナルサービスが生産財およびサービスの2つの側面を保有することに立ち戻り、Maisterの研究を補強できるような、生産財ビジネスおよびサービスビジネスの先行研究を次節以降で探索していく。

2-2 生産財の顧客適応戦略と標準化戦略

本節では生産財ビジネスに関する先行研究を再整理し、顧客ニーズによる異なるマネジメントのあり方を示すものとして、生産財取引の顧客適応戦略と標準化戦略を取り上げる[4]。

Maister（1993）が提起した顧客ニーズによって異なるマネジメントが必要という考えを補強するものとして、高嶋（1998）の生産財取引の顧客適応戦略と標準化戦略を取り上げる。

生産財取引の特徴の1つは相互依存性であり、製品開発や生産などの意思決

定が売手と買手（顧客）との相互作用を通じて行われる。よって個別顧客ニーズに適応したカスタマイゼーションや受注生産が行われるが（顧客適応）、顧客によっては低価格の標準品や見込生産を望む場合もある（標準化）。標的顧客のニーズによって、顧客適応するか標準化するかという、顧客適応レベルが異なる[5]。また顧客適応か標準化か、選択する顧客適応レベルによって組織体制や企業間関係のあり方が異なるとしている。

　生産財の顧客適応戦略と標準化戦略は、標的顧客のニーズによって異なるマネジメントが必要というMaister（1993）の考えと、顧客適応レベルによって企業活動や組織体制、企業間関係のあり方が異なるという点で類似点がある。また高度にカスタマイズされたサービスを行う頭脳型サービスは顧客適応戦略と類似点があり、コストやスピードを重視した効率型サービスは標準化戦略と類似点がある。以上が、Maister（1993）を補強する先行研究として、生産財取引の顧客適応戦略と標準化戦略を取り上げる理由である。次に、顧客適応戦略と標準化戦略の概要をまとめる。

2-2-1　顧客適応戦略

　顧客適応戦略の基本戦略は、効率的なカスタマイゼーションの実現と戦略的パートナーシップの形成であり、顧客適応型の組織体制や企業間関係のマネジメントが求められる。顧客適応型の企業活動とは、製品・サービス開発段階、生産段階、配送段階といった活動プロセスで考えられる。開発段階の顧客適応とは個別顧客仕様の開発・設計を行うこと、生産段階の顧客適応とは顧客注文に応じて生産すること、配送段階の顧客適応とは適時適量の物流サービス（即日配送、少量配送など）のことである。

　これら顧客適応型の活動プロセスが効率的に行われるためには、組織のコミュニケーションを活発にして、部門内や部門間で密に情報を共有し、顧客適応の望ましいレベルについてのコンセンサスが形成されなければならない。よって顧客適応戦略では、密な情報共有が可能になるコンパクトな意思決定組織が求められる。

　顧客適応型の企業間関係のあり方は、協調的関係の構築である。協調的関係とは信頼関係と長期的関係が共に強められた関係である。協調的関係が深まる

と、顧客とのコミュニケーションが円滑になり、顧客適応のための双方の設備や技術への投資がしやすくなり、より迅速・効率的な顧客適応の実現という好循環が生まれる。この好循環を生み出す企業間の協調的関係の構築は、戦略的パートナーシップの形成といえる。

しかし企業間に依存関係が存在する場合、企業間のパワー関係を生み出し、それに基づく取引条件を通じて企業の利潤に影響する。大企業同士のような企業間のパワー関係が均衡的であれば戦略的パートナーシップが形成されるが、系列や下請けといった企業間のパワー関係が存在する場合、パートナーシップの縮小など依存関係をコントロールする動きがうまれる。

最後に顧客適応戦略の営業活動については、後述する標準化戦略も同様に個人型営業スタイルが基本にある。顧客ニーズに柔軟に対応できるといったメリットはあるが、コストの軽視（開発・生産・物流コスト）や過剰在庫の発生、不十分な部門間連携などデメリットが生まれる。

2-2-2 標準化戦略

標準化戦略の基本戦略は、選択と集中によるコスト・リーダーシップの実現であり、標準化で低価格化を達成する競争優位の形成である。コスト優位（コストダウン）をもたらす経済メカニズムは3つある。

第1は規模の経済性である。価格志向が強い市場層にターゲットを絞り込んで、標準仕様製品の見込生産を行い一括配送すれば、生産規模や配送規模が大きくなるほど、コストダウン効果が期待できる。そして積極的にリスクを受容して市場規模の拡大を図ることで、大幅なコストダウンを達成し、競合他社の追随をゆるさない。

第2は学習効果（経験効果）によるコスト優位である。開発・生産・配送という活動プロセスにおいて、より標準化できる余地を発見し、様々なプロセス・イノベーションによって効率化を実現する。そのためには組織のコスト意識向上やプロセス改善の現場権限委譲、他社・他産業の先行ノウハウの導入などによって、学習スピードを速めることが重要である。

第3は範囲の経済性である。標準化戦略にはコスト優位を維持できる市場規模の限界もあるため、保有資源を他製品事業の生産や販売に共用することによ

る事業多角化による効率化の道がある。コスト優位の仕組みを他の事業にも展開していく。

価格志向の市場を有効に絞り込むには、事業や顧客の選択の権限を委譲しない集権的な管理が有効である。基本方針を集権的に決定し、それを部門や事業部に徹底させ、コストダウンを実現させる管理が基本である。

標準化で低価格化を達成するには、顧客との協調的関係や依存関係を制限することが重要になる。顧客との長期的関係の形成は顧客適応レベルが過度になりやすく、特定顧客との取引依存度が高いと交渉力が不利になり顧客適応を要求されやすい。しかし取引関係をコントロールすることは難しく、標準化戦略で競争優位を形成できるか否かは、このコントロールする能力に基づいている。

最後に標準化戦略の適応戦略は、個人型営業スタイルが基本にあるが、組織型営業体制への転換がドラスティックに進みやすい。

2-3 サービス工業化モデルと接点重視モデル

本節ではMaister（1993）が提起した顧客ニーズによって異なるマネジメントが必要という考えを補強するサービスビジネス研究として、サービス工業化モデルと接点重視モデルを取り上げる。

サービス工業化を提唱したのはLevitt（1972, 1974, 1976, 1983）である。Levittはサービスビジネスに工業化発想を取り入れ、人的裁量を排除することで生産性と能率を飛躍的に高めることができると主張した。Levittはサービス産業の効率性の悪さは、人間の心の姿勢（サービスを行う熟練や心の持ち方）を中心に考えているからであり、技術の論理（効率的な生産を実現する方法や仕組み等[6]）、つまり製造業の生産管理発想を取り入れるべきと指摘し、成功事例としてマクドナルドをあげている。

一方、Schlesinger and Heskett（1991）や村上（1995）は、このサービス工業化理論の問題点を指摘している。Schlesinger and Heskettは最前線の従業員を重視した経営システムの導入を提起しており、村上は工業化モデルの逆機能を指摘し、従業員尊重の経営の再評価を提起している。Levittの主張が人間を機械のように位置付けることに対して、顧客接点である従業員の重視を主張し

ている。Schlesinger and Heskettと村上の主張は顧客接点（従業員）を重視することより、接点重視モデルとよぶことにする[7]。

顧客との直接的な相互作用によって、テーラーメイドな知識集約サービスを提供するプロフェッショナルサービスは、一見、サービス工業化モデルとは無縁なものと思われる。しかしMaisterが提示した異なるタイプの1つである効率型サービスはシステム・マニュアル化による効率性向上を志向し、テクノロジーでの業務代替を図っており、工業化モデルと類似点がある。一方、Levittが否定した人間の心の姿勢（サービスを行う熟練や心の持ち方）は、プロフェッショナルサービス独自の特性である高度な専門的知識・技能（≒熟練）と高い倫理規範と自律性（≒心の持ち方）と類似点がある。

プロフェッショナルサービスの基本特性（直接的な相互作用、テーラーメイドなど）をすべて効率型サービスに適用できないことを踏まえた上で、Maisterを補強する理論として、サービス工業化モデルと接点重視モデルを取り上げる。

Levittの理論をSchlesinger and Heskettや村上が否定したように、サービス工業化モデルと接点重視モデルは対立するモデルとして論じられてきたが、本書ではいずれかを肯定または否定するのではなく、プロフェッショナルサービスのマネジメントを考察する一組の先行研究フレームとして位置付ける。次に、サービス工業化モデルと接点重視モデルの概要をまとめる。

2-3-1 サービス工業化モデル

Levitt（1983=1984）が主張したサービス工業化は、サービスビジネスに工業化発想を取り入れ、人的裁量を排除することで生産性と能率の飛躍的な向上を目指すものであり、その方法を次の3つに集約している。第1はハードテクノロジーであり、人間がサービス活動をやる代わりに機械・道具・その他の人工物を使う方法である（電子心電図測定装置、X線透視機、自動洗車機、自動コイン投入機など）。第2はソフトテクノロジーであり、個々のサービス要員の代わりに組織的にあらかじめ計画されたシステムを用いる方法である（カフェテリア、サラダ・バー、マクドナルドやケンタッキーなどファーストフードレストラン、あらかじめパッケージ化された観光ツアー、セールスマン移動ルート・システムなど）。第3は混合テクノロジーであり、ハードの機器と入念に計画された工業

システムを組み合わせて、サービスの効率化・秩序・スピードをサービスへ持ち込もうとする方法である（無線による輸送トラックの運行指令、ルート変更指令、配車サービスなど）。

またNorthcraft and Chase (1985) は、サービス生産性向上を実現する基本パターンとして、ルーチン化、機械化、デカップリング、サービス業務の委譲、機械化の4つをあげている。ルーチン化と機械化はLevittの3つのテクノロジーと同じ指摘である。デカップリングとはサービス生産過程から顧客を引き離すことである。サービス業務の委譲とは、ルーチン業務は未熟練の従業員が担い、熟練業務は熟練従業員が行うという業務分担と、顧客自身にサービス業務を行ってもらうセルフサービス化のことである。

山本 (2000) は低コストオペレーションを実現する3つの戦略をあげている。第1は集中的に大量生産を行う生産ラインアプローチである。第2はセルフサービスや特定用途に絞り込んだサービスなど低コスト顧客の開発である。第3はモジュール（活動の管理単位）の標準化と外部化である。

また野村 (2008) はLevittの主張を参考に、サービス工業化の4つの柱として、マス化、システム化、機械化、ブランド化をあげている。システム化と機械化はLevittの3つのテクノロジーと同じものである。野村はマス化の方法として、チェーンオペレーションと大企業化をあげている。そして内容が認識困難であるサービス財こそ、イメージの統一や広告を通じてブランド化すべきと提言している。田村 (1989) は、工業化には過程工業化と算出工業化の2つあるとし、過程工業化はサービス提供過程の工業化に関係するものでマニュアル化・セルフサービス化・マルチジョブ体制・省力化をあげており、産出工業化とはサービスデリバリーシステムの産出をどの程度工業化するかというものでサービスの標準化、実物環境の特異化（制服・看板・施設などの特徴化・統一化）をあげている。

Levittはシステム化・機械化といった技術の論理によってサービス生産性向上の実現を主張したが、野村と田村はさらに物的環境のイメージ統一化の必要性を主張している。

2-3-2 接点重視モデル

　サービス工業化に異議を唱えたSchlesinger and Heskett（1991）は、「工業型モデルの論理に基づく人的資源に対する考え方や慣行は、人間をまるで機械のように効率的に扱う」ものと捉え、こうした工業型モデルを採用しているサービス企業が顧客満足度を低下させると同時に利益を減少させていることを指摘し、その事例としてマクドナルドが1980年代以降、売上が停滞・下降していることを指摘した。そして高い顧客満足・高成長・高利益などサービス企業が成功するためには、生産ライン思考ではなく、最前線の従業員を重視した経営システムを導入すべきと提言している。具体的には従業員への投資を設備投資以上に重視する、最新技術を従業員監視や人員削減に利用せずに従業員の業務支援に役立てる、販売員や清掃主任の採用と訓練を管理職と同じように重視する、上級管理者だけでなく全ての階層の従業員の給与を業績と結びつける等をあげている。

　また村上（1995）は、サービスの工業化モデルの問題点と逆機能[8]を指摘し、Kappel（1960）が主張してきた従業員尊重の経営の再評価の必要性を提起している。さらに克服すべき課題として現場の意見を取り入れた情報の共有化、バックヤードのみの工業化、過剰品質の見直し、市場情報と社内情報の結合、戦略的な顧客選別をあげている。

　Schlesinger and Heskettと村上は、従業員をテクノロジーに代替される機械として位置付けるのではなく、従業員は顧客満足を高める存在として尊重・重視すべきだという点では、Levittの主張と対立している。しかしSchlesinger and Heskettと村上の主張は従業員の位置付け以外では必ずしもLevittの主張と対立しているとはいえない。村上はバックヤードのオペレーションに限りサービス工業化によるコストダウンを肯定している。またSchlesinger and Heskettは従業員重視の成功モデルとしてタコス料理のチェーン店であるタコベルをあげている。その成功要因として現場従業員の教育支援や業務支援、報酬システム改革もあるが、単純作業の外注化により直接顧客と接する時間を増加させたことをあげている。つまりSchlesinger and Heskettや村上も直接顧客と接しないバックヤードでの工業化は肯定している。

これはサービス・オペレーションがフロント、サービス・エンカウンター、バックヤードの3つの部分から構成されていることから説明できる[9]。Levittはフロントやサービス・エンカウンターの部分にもシステム化・機械化の導入を主張したが、Schlesinger and Heskettと村上はバックヤードのみ工業化することを提起している。つまりサービス工業化モデルと接点重視モデルは対立するモデルとして論じられてきたが、むしろ接点重視モデルはサービス工業化モデルを一部肯定した上での発展形と考えられる。

山本（2000）は、プロフェッショナルサービスとは個客対応を必要とするオペレーションだが、個客対応の部分はエンカウンターに残しつつ、フロントとバックヤードを標準化することでコストを下げ、顧客のニーズを絞って専門化していく必要があるとしている。サービス工業化モデルの発展形である接点重視モデルは、プロフェッショナルサービスのマネジメントを考察する上で1つの参考になる。

2‐4　先行研究の整理

2‐1では、プロフェッショナルサービスのビジネスモデル研究として、顧客ニーズによって異なるマネジメントが必要というMaister（1993）を取り上げ、その理論を補強できるものとして、2‐2では生産財取引の顧客適応戦略と標準化戦略、2‐3ではサービス工業化モデルと接点重視モデルを取り上げた。本節ではMaisterとこれら2組の先行研究との類似点を整理しながら補強するとともに、ケーススタディにつなげるフレームワークと検証課題を導く。

まずMaisterおよび、生産財取引の顧客戦略と標準化戦略、サービス工業化モデルと接点重視モデルを再度簡潔にまとめる。

MaisterはPSFのサービスタイプの違いとそれぞれのマネジメントのあり方として、顧客ニーズに応じて頭脳型サービス・経験型サービス・効率型サービスの3種類を示した（図2‐2）。

次に生産財取引の顧客適応戦略と標準化戦略についてまとめる。顧客適応戦略の基本戦略は効率的なカスタマイゼーションの実現と戦略的パートナーシップの形成であり、標準化戦略の基本戦略は選択と集中によるコスト・リーダー

図2-2 プロフェッショナルサービスの3つのタイプ（再掲）

頭脳型サービス	経験型サービス	効率型サービス
高度で複雑な問題解決	特定分野の問題解決	見慣れた課題の問題解決
高度にカスタマイズ対応	過去経験に基づく解決策	システム・マニュアル化
経営メソッドの活用と開発	経験・知識は組織に蓄積	業務はIT代替
少数のクライアント	安定クライアント	多くのクライアント
高額フィー	＞	低いフィー

（出所）Maister（1993）を参考に筆者作成

図2-3 生産財取引の顧客適応戦略と標準化戦略

	顧客適応戦略		標準化戦略
基本戦略	・効率的なカスタマイゼーション ・戦略的パートナーシップ		・選択と集中 ・コスト・リーダーシップ
開発段階	・個別顧客仕様		・標準仕様
生産段階	・顧客注文に応じて生産	⇔	・見込大量生産 ・コスト引き下げ
営業段階	・個別顧客対応（個人型営業が基本）		・個人型営業基本から組織型営業へ
組織管理	・部門内・間で密に情報共有 ・コンパクトな意思決定		・集権的方針管理 ・コスト削減管理
関係管理	・協調的関係の構築（長期・信頼）		・協調的・依存関係の制限

（出所）高嶋（1998）、高嶋・南（2006）を参考に筆者作成　※配送段階は記載していない

シップの実現であり標準化で低価格化を達成する競争優位の形成である（図2-3）。

次にサービス工業化モデルと接点重視モデルについてまとめる。サービス工業化モデルはサービスビジネスに工業化発想を取り入れ、人的裁量を排除することで生産性と能率を飛躍的に高めるものである。接点重視モデルは顧客接点である従業員を重視・尊重した仕組みであり、従業員の教育や業務支援、報酬システム改善などの方法がある。ただし接点重視モデルはバックヤードのみ工業化するサービス工業化モデルの発展形である（図2-4）。

次にMaisterとこれら2組の先行研究との類似点を整理する。類似点を整理

図2-4　接点重視モデルとサービス工業化モデル

	接点重視モデル	サービス工業化モデル
基本戦略	・顧客接点である従業員重視・尊重により、顧客サービス価値の向上	・サービスに工業化発想を導入し、生産性と能率を飛躍的に向上
従業員の位置付け	・最前線で顧客サービス価値を高める存在	・単純・標準業務を行う存在 ・テクノロジーに代替される存在
投資方針	・従業員教育、従業員の業務支援へ投資	・生産ライン・機械等に投資 ・規模の経済性追求
管理方針	・上長は従業員の業務支援 ・権限委譲	・上長は従業員の管理監督
実現手段	・従業員の選抜・育成、報酬設計 ・組織風土、ツール整備	・ハードテクノロジー（機械）、ソフトテクノロジー（システム）、その混合テクノロジー
工業化範囲	・バックヤードのみ工業化	・フロント・サービスエンカウンター・バックヤードすべて工業化導入

（発展形）

（出所）Levitt（1972, 1974, 1976, 1983）、Schlesinger and Heskett（1991）、村上（1995）などを参考に筆者作成

しやすくするため、Maisterの3タイプを、前掲の生産財取引の顧客適応戦略と標準化戦略の図項目、サービス工業化モデルと接点重視モデルの図項目で組み直した（図2-5、図2-6）。

まずMaisterと、生産財取引の顧客適応戦略と標準化戦略については、標的顧客のニーズによって異なる一貫したマネジメントが必要という基本的な考え方が一致している。そして高度にカスタマイズ対応という頭脳型サービスの特徴は顧客適応戦略の個別顧客対応・顧客注文に応じた生産というカスタマイ

図2-5　生産財取引項目にてMaister研究の組み直し

	頭脳型サービス	経験型サービス	効率型サービス
基本戦略	・顧客ニーズは頭脳の優秀さ ・高度で複雑な問題解決	・顧客ニーズは経験の豊かさ ・特定分野の問題解決	・顧客ニーズは効率性の高さ ・見慣れた問題解決
開発段階	・個別顧客仕様 ・経営メソッドの開発	・選別した経験分野に焦点を絞る	・見慣れた業務を行う最適な手続き
生産段階	・高度にカスタマイズ対応 ・経営メソッドの活用	・過去経験に基づく対応	・マニュアル対応 ・テクノロジーが人的作業を代替
営業段階	・パートナーによるトップ営業 ・本やメディアでの訴求	・セミナー・ニュースレターで専門性を訴求	・効果実現を訴求 ・パンフレット・広告
組織管理	・少数パートナーで意思決定	・集合的な経験と知識を内部共有 ・正式に峻別した部門と専門性領域	・短期での測定管理、監督 ・よく訓練され組織化されたマネージャー
関係管理	・顧客を限定 ・顧客構成が多様、常に変化	・安定的な顧客構成 ・顧客との堅固な関係づくり	・広い市場をターゲット

（出所）Maister（1993）を参考に筆者作成

第 2 章　プロフェッショナルサービスのビジネスモデル　35

図 2-6　サービスモデル項目にてMaister研究の組み直し

	頭脳型サービス	経験型サービス	効率型サービス
基本戦略	・顧客ニーズは頭脳の優秀さ ・高度で複雑な問題解決	・顧客ニーズは経験の豊かさ ・特定分野の問題解決	・顧客ニーズは効率性の高さ ・見慣れた問題解決
従業員の 位置付け	・高度で複雑な問題解決を行う人材	・過去経験に基づく問題解決を行う人材	・見慣れた問題を取り扱う人材 ・テクノロジーが人的作業を代替
投資方針	・新プラクティス開発（本・メディア）	・新プラクティス開発（セミナー等）	・最適な方法の考案（システムや手続き・プログラム等）
管理方針	・少数パートナーで経営管理	・部門と専門性の選別	・短期での測定管理、監督
実現手段	・徒弟制度的育成 ・アップオアアウトによる人材選抜	・講習やマニュアルによる訓練 ・若年プロフェッショナル雇用	・確立されたシステムと手続き ・若年スタッフ雇用
工業化 範囲	※言及されず	※言及されず	・オペレーションシステムや手続き、マーケティングプログラム

（出所）Levitt（1972, 1974, 1976, 1983）、Schlesinger and Heskett（1991）、村上（1995）などを参考に筆者作成

ゼーションと類似している。ただし顧客適応戦略の他の特徴である部門内での密な情報共有やコンパクトな意思決定、顧客との協調的関係の構築に関してはMaisterの研究では言及されていない。

また効率型サービスのコスト・信頼性・スピードといった効率性の重視、短期での測定管理という特徴は、標準化戦略のコスト・リーダーシップや集権的管理、コストダウン管理という特徴と類似している。ただし標準化戦略の他の特徴である顧客との協調的・依存関係の制限に関してはMaisterの研究では言及されていない。

残る経験型サービスだが、特定分野に絞って（選択と集中）過去経験に基づく対応（学習効果）という点では標準化戦略と類似点がある。しかし安定的な顧客構成と顧客との堅固な関係づくりという点では顧客適応戦略と類似点がある。そもそも経験型サービスの競争優位は標準化による低価格ではなく過去経験による効率的な顧客対応である。以上を考慮すると経験型サービスは顧客適応レベルが顧客対応戦略より低く標準化戦略より高いという"中間"と捉えるべきだろう。

次にMaisterと、サービス工業化モデルと接点重視モデルについては、効率型サービスのシステムや手続きによって効率性を高め、テクノロジーが人的作業を代替し、現場を測定管理・監督するという特徴はサービス工業化モデルと類似点がある。また頭脳型サービスと経験型サービスは、顧客接点である従業

員が顧客サービス価値を高め、従業員の教育訓練やツール整備を行うという接点重視モデルと類似点がある。

ただしMaister研究を補強するには問題点がある。プロフェッショナルサービスの定義自体が直接的な相互作用によるテーラーメイドサービスを提供するものであり、効率型サービスは、従業員を単純・標準業務を行いテクノロジーに代替される存在と位置付けしたサービス工業化モデルと完全に合致せず、むしろ一部工業化を導入して最前線の従業員が顧客サービス価値を高める接点重視モデルとも類似点があるともいえる。

また接点重視モデルもバックヤードのみ工業化するサービス工業化モデルの発展形であり、工業化がみられない頭脳型サービスおよび経験型サービスと完全に合致できない。むしろ頭脳型サービスおよび経験型サービスは"工業化されてない"接点重視モデルと位置付けるほうが適切と考えられる。

これらMaisterと二組の先行研究との考察をまとめる（図2－7）。

頭脳型サービスは生産財取引の顧客適応戦略と類似点があり、効率型サービスは標準化戦略と類似点がある。経験型サービスはその中間の位置付けといえる。また頭脳型サービスおよび経験型サービスは"工業化されていない"接点重視モデルと類似点がある。効率型サービスは工業化モデルおよび接点重視モデル（一部工業化）との類似点がある。

図2－7　Maisterと二組の先行研究考察

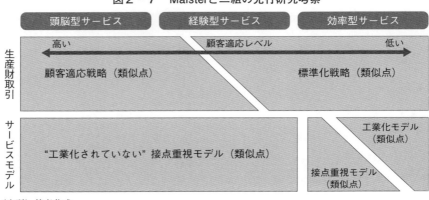

（出所）筆者作成

第2章 プロフェッショナルサービスのビジネスモデル　37

　本章の目的は、本書のテーマである「知識」を核としたビジネスのマネジメントを明らかにするために、依拠する先行研究を絞り込むことである。まずプロフェッショナルサービス研究の中で、3つのPSFタイプと異なるマネジメントというMaister（1993）に着目し、Maisterを補強できる先行研究として、生産財の顧客適応戦略と標準化戦略、サービス工業化モデルと接点重視モデルを取り上げ、それぞれの類似点を指摘して整理を行った。

　生産財取引の顧客適応戦略と標準化戦略は、特に顧客ニーズに応じた活動プロセスの一貫性という点で、プロフェッショナルサービスのマネジメントに応用できる部分もある。しかし生産財取引の重要な論点である組織性と関係性に関して、特に関係性（協調的関係の構築あるいは制限）については、Maisterの研究で十分に言及されていない。先行研究と同じように、顧客適応型のプロフェッショナルサービスが協調関係の構築を築いているのか、標準化型のプロフェッショナルサービスが協調的関係を制限しているのか、をケーススタディで検証する必要がある。なぜならプロフェッショナルサービスは顧客との直接的な相互作用によって問題解決をはかるものであり（コンサルティングサービスの協働的問題解決など）、協調的関係の制限とは矛盾が生じるからである。

　次にサービス工業化の概念は、プロフェッショナルサービスでは限定的範囲での導入であった。むしろ顧客接点である従業員を尊重・重視する接点重視モデルとの類似点がMaisterの3タイプともに見られた。これは2つの見方を提示できる。サービスの生産性向上を実現する工業化はプロフェッショナルサービスでは導入が限定的であるという見方と、効率性を訴求するプロフェッショナルサービスにおいては何らかの仕組みで工業化が導入されているという見方である。テーラーメイドと工業化は矛盾する概念であるが、後者の見方は、テーラーメイドな知識集約サービスと工業化の両立であり、実際に両立しているのであれば、いかに両立を可能にしているのだろうか。

2-5　検証課題

　2-5では以後のケーススタディで検証する課題を、前章での検証課題と合わせて整理する。第1章および第2章の先行研究レビューを通じて、4つの検

証課題を整理できる。

第1は、PSFが提供するサービスが買手の能力の影響を受け、買手にとって事前評価が困難という「知識財ジレンマ」をどのように解決・克服しているのだろうか。知識財ジレンマの存在は、サービス購入段階（セールス）でも、サービス提供段階でもネックになるはずである。

第2は、PSFはどのように名声を高め、正当性ある知識提供者として認められているのだろうか。いかに正当性効果を獲得し、コンセンサス効果を引き出し、顧客のサービス購入につなげているのか。

第3は、効率型PSFはどのように顧客と協調的関係を構築しているのだろうか。プロフェッショナルサービスは顧客との相互作用によって問題解決を図るため、Maisterのいずれのタイプでも協調的関係を構築している可能性がある。もしそうならば標準化戦略は協調的関係を制限するという先行研究（高嶋1998）とは矛盾が生じることになる。

第4は、PSFはどのようにテーラーメイドな知識集約サービスと工業化の両立を可能にしているのだろうか。Maisterの効率型サービスにおいて工業化の取り組みがみられた。そもそもテーラーメイド（個客対応）と工業化は矛盾する概念である。

ケーススタディを通じて、この4つの検証課題を考察することで、「知識」を核としたビジネスのマネジメントの中で、PSFの"なにか特別なメカニズムやマネジメント"を明らかにしていく。

■注
1　Gummesson（1978）は、12ヶ月以内に15％コストダウンといった仕事なら、それが達成されるまで仕事は終わらないとしている。
2　アップ・オア・アウトとは、キャリア形成の選択肢として上位階層に昇進するか（アップ）、それができなければ退職する（アウト）という二択しかないということである。
3　コンサルティングファームのキャリアパスは、ファームによって多少の違いはあるが、アソシエイト（アナリスト）をスタートとして、コンサルタント、マネジャー、パートナーという階層からなるのが一般的である。アソシエイトはプロジェクト・リーダーの指示のもと各種調査や分析を行い、経験年数は入社後3～5年程度である。

4 2-2-1顧客適応戦略と2-2-2標準化戦略は、高嶋（1998）および高嶋・南（2006）を参考にまとめている。
5 高嶋（1998）は、顧客適応化と標準化は真逆の全く別物の戦略ではなく、市場環境や保有技術等から最適な顧客対応レベルを見出し、顧客適応レベルが高ければより顧客適応戦略に近づき、顧客対応レベルが低ければより標準化戦略に近づくとしている。
6 「具体的には初期の生産目標を高めるには、どんなツールが必要か、どんな技術、工程、組織編成、給与、管理、監査が考えられるか」Levitt（1972=2001）邦訳, p.74。
7 高室（2004b），p.95では、「工業化の論理」に対して「接点重視の論理」と呼んでいる。
8 村上（1995）は5つの逆機能をあげている。第1が模倣可能性、第2が利益率の低下と比較優位性の低下、第3が比較評価可能性、第4が顧客不満の創造、第5が従業員不満によるコスト上昇、である。
9 山本（2000），p.21。

第3章

コンサルティングサービスの考察

　本書は、プロフェッショナルサービスのビジネスモデル、その中でもコンサルティングサービスに焦点を当てた分析を通じて、「知識」を核としたビジネスのマネジメント、を明らかにするものである。本章ではコンサルティングサービスに焦点を当てて、コンサルティングサービス市場の歴史と概況、代表的なファームの整理を行う。本章の目的はコンサルティングサービス概況を理解するとともに、前節で導いた4つの検証課題を明らかにするケーススタディに妥当な企業（PSF）を導く手がかりを提示することである。特に断りのない限り、日本のコンサルティング市場を対象として考察を行っている。

3-1　コンサルティングサービスの定義と特徴

　本節ではコンサルティングサービスの定義と特徴を整理し、プロフェッショナルサービスの特徴が最も表れていることを明らかにする。
　Kubr（2002）は、コンサルティングサービスとは、独立した専門的助言サービスで、経営管理上でビジネスの諸問題を解決し、新しい機会を発見して捕捉し、学習を向上し、変革を実施することによって、組織目的・目標を達成する上で、経営者と組織を支援すること、としている。またSteele（1975）は、ある業務または一連の業務の内容、プロセスないし構成について、形式を問わず助力を提供することであり、その場合、コンサルタントは業務それ自体の遂行に責任はなく、実際の責任者を助力するものとし、（Greiner and Metzger

1983）は、専門教育を受けた適格者が組織と契約して提供するアドバイザリーサービス、これが経営コンサルティングであり、顧客の組織に対しては客観的、かつ独立した方法により経営管理上の問題の発見を助力し、その分析、問題解決策の提言、さらに要請があれば解決策の実施助力を行うもの、としている。これらをまとめると、コンサルティングサービスとは、顧客組織の経営管理上の何らかの問題の解決に向けて、独立した立場で、専門的な助言・助力の提供を行うもの、といえる。

またコンサルティングサービスの知識とは理論的知識のみならず、経験・専門性・スキル・ノウハウ・能力を含めた知識を意味しており、専門的な教育を通じて得られた知識だけでなく、実務を通じて蓄積された知識まで含めた包括的な知識を顧客へ提供するものであり（Kubr 2002）、顧客との協働を通じて知的成果が生み出されるだけでなく、コンサルタント側も学ぶという側面も存在している（村上 1994a）。

プロフェッショナルサービスの定義と特徴を再掲すると、「高度な専門的知識・技術を持ち、顧客との直接的な相互作用によって、テーラーメイドな知識集約サービスを提供し、顧客の問題解決を行う。高い倫理規範と自律性、知識集約性という特徴を持つ」である。前述のコンサルティングサービスの定義や特徴と非常に似通っている。

コンサルティングサービス以外の法人向けプロフェッショナルサービスには、広告代理店、建築家、法律家（弁護士）、会計士などがあげられる。ただし広告代理店や建築家は助言・助力の次の段階として、広告物や看板、家屋やビルディングなどの有形成果物まで提供することも多く、純粋な知識財だけが成果物ではない。また法律家や会計士は、プロフェッショナルサービスの定義や特徴を非常によく表してはいるが、そもそも国家資格を保有していなくてはならず、業務内容や広告宣伝など法律的に一定の制限を受ける業界であり、マーケティングやマネジメントの制限がある。よってプロフェッショナルサービスの定義・特徴との合致性、分析結果の応用範囲を考慮すると、コンサルティングサービスはプロフェッショナルサービスの代表と位置付けられる。

3-2 コンサルティング産業の発展経緯

本節では日本のコンサルティング産業の発展経緯を、世界のコンサルティング産業の発展経緯と比較しながら説明する。

コンサルティングサービスの発展経緯についてはKipping（1996, 1999, 2002a, 2002b）が詳しい。Kippingは突出したサービスプロバイダー（コンサルティングファーム）のライフスパンや成長率から、コンサルティングサービスの進化には3つの異なるWaveがあると指摘している。ここでのWave（波）とは、KippingはGeneration（世代）という言葉も使っているため、"何らかの共通点を持ったコンサルティングファームが隆盛を誇った一定時期の起伏"と解釈する。

なお詳細なコンサルティングサービスの発展経緯については、巻末の補章「日本のコンサルティングサービス発展の考察」にてまとめている。

3-2-1　3つのWave（海外）

(1) **第1のWave（1910～1950年）**

コンサルティングサービスが世間に登場したのは、19世紀後半、第2次産業革命といわれる。第2次産業革命で大規模企業が登場し、アドバイスを求める経営者に対して、銀行家・広告代理店・監査法人・技術者などがその場しのぎのサービスを提供してきた。有償でのコンサルティングサービスすなわち経営コンサルティングの起源は、アメリカで生まれた科学的管理法である。アメリカでの南北戦争後、工業化が進展し、安価な労働力を求める雇用者側と組織的な争議活動を展開する労働者の対立が激化し、両者の仲立ちとして1880年に成立したのが「アメリカ機械技師協会」である。この協会に属し、この仲介活動を開始したのは、「科学的管理法の父」であるフレデリック・テイラー（Frederick W. Taylor, 1856-1915）である。能率向上を目指す、いわゆるテイラーシステム（Taylor System）をベースとしたコンサルティングサービスが隆盛を極めた。

19世紀後半までは、モノづくりは伝統や経験主義によって支えられてきたが、

工場が大規模化するにあたり、経験主義的な方法は混乱と無駄を引き起こした。そこで生まれたのが体系的管理である。1890年代にテイラーがコンサルタントとして提唱したのは、管理者が自らの活動の指針とするための作業記録を利用できるような会計制度、管理者が作業場で起こっていることをより正確に把握できる生産管理システム、労働者を命令や指示に従うように指導する出来高給制度である。テイラーはコンサルタントとして経験と研究を重ね、科学的管理を創り出し、1911年にテイラーの主著である『科学的管理の諸原理（The Principles of Scientific Management）』を刊行し、翻訳されて日本も含め海外で広く読まれた。テイラーの多くの弟子達が科学的管理を継承し、コンサルティング業として発展させていった。科学的管理を大きく普及させた人物として、チャールズ・E・ブドー（Charles E. Bedaux, 1886-1944）は、イギリスにコンサルティング組織（ブドー社）を創設して、アメリカをはじめ海外展開を図り、1934年には同社が開発したブドー・システムは21ヶ国で用いられた。特にイギリスではブドー社はコンサルティング産業の先駆者となり、1945年までに500以上のイギリスの会社がブドー・システムを採用したという。

しかし1960年半ばから、能率向上コンサルティングの勢いが衰えていく。その主な理由は、能率向上への企業の興味がなくなってきたことにある。1950年代以降、企業の興味は組織や戦略へと移っていき、新しいコンサルティング組織が主役として台頭していくことになる。

(2) **第2のWave**（1950～1980年）

戦後の復興、技術革新の加速化とビジネスの急速な発展、新興経済国の台頭、世界の産業・商業・金融の国際化の進展が経営コンサルティングの需要を大きく拡大させた。内部管理に関するコンサルティングから、外部環境に対応した企業の経営戦略を志向するようになる。

1950年代から企業を取り巻く経営環境は大きく変化し、アメリカの大企業は独立した事業部門を本社オフィスが統括するという分権型組織体制を作り上げていった。このような組織構造はのちにM型組織と呼ばれるようになった。コンサルタントは経営者に対して、オペレーション面での調査や戦略に関してもアドバイスするようになった。その主役になったのは戦略系コンサルティング

ファームである。1960年代にはブーズアレン・アンド・ハミルトンが1,200名以上のコンサルタントを抱えるアメリカ最大のファームとなったが、第Ⅱ世代（第2のWave）ではマッキンゼーがトップファームであった。マッキンゼーの成長は1933年に入社し、のちに同社トップとなったマービン・バウワー（Marvin Bower, 1903-2003）の功績が大きい[1]。彼は報酬方式をそれまでの稼働時間での請求方式ではなく、提供価値の対価を請求するという契約時に総額を決める一括請負方式とした。この報酬方式の転換によってコンサルティング料の水準は上がった。MBAホルダーを新卒採用するようになったのも同社である。

またマッキンゼーをはじめとした戦略系コンサルティングファームは西欧への展開を積極化した。アメリカ企業の海外進出が著しくその支援のために必要だっただけでなく、西欧企業が戦後、様々な経営課題にぶつかっていたからである。アメリカのコンサルタント達はアメリカ産業の専門的技術やノウハウを西欧に持ち込んだ。現在も世界中で活躍している戦略系コンサルティングファームのほとんどは、この第Ⅱ世代までに設立され成長していった。これらファームによる活躍は、大手会計事務所のコンサルティングサービスが積極化する1980年代末まで続いた。

(3) 第3のWave（1980年〜現在）

1970年代後半から欧米の大企業は日本やアジア諸国の競争相手の出現によって新しい展開を迫られた。ITの発展によってネットワーク型組織を管理するために必要なデータが瞬時に入手できる環境の整備が求められた。そこで台頭したのが大手会計事務所である。監査を通じて顧客のビジネスに精通していたため、そのビジネスの改善にむけた助言（コンサルティング）を行いやすい立場にいたが、コンサルティングの主体は、コンピュータ導入による業務改革を実現するITコンサルティングであった。

会計事務所のアーサーアンダーセンが1947年に汎用コンピューターを企業会計に利用し、その効率性を高めることに成功する。同社を含む8大会計事務所「ビッグエイト」[2]の他社もITコンサルティングに積極展開していった。会計・財務部門の業務効率化に向けた情報システムの導入に始まり、在庫管理や販売

表3-1 コンサルティングファームの収入順位

	1991年				1998年	
	ファーム名	収入 $m			ファーム名	収入 $m
1	Andersen Consulting	2,260		1	Andersen Consulting	8,307
2	McKinsey & Company	1,100		2	Price Waterhouse Coopers	6,000
3	Price Waterhouse※	1,685		3	Ernst & Young	3,970
4	Mercer Consulting Group	894		4	Computer Science Corporation	3,500
5	Ernst & Young	862		5	Deloitte Consulting/DTT	3,240
6	KPMG	802		6	KPMG	3,000
7	Coopers & Lybrand※	−		7	McKinsey & Company	2,500
8	Deloitte Consulting/DTT	685		8	Mercer Consulting Group	1,543
				9	Arthur Andersen	1,368
				10	A.T.Kearny(part of EDS)	1,234

(出所) Kipping(2002a)p.37をもとに筆者作成
※1998年にPrice WaterhouseとCoopers&Lybrandは合併している。1991年のPrice Waterhouseの収入は2社の合計値

管理、人事管理など様々な分野へ需要は高まり、1990年代に登場した統合基幹業務システム(ERP)[3]の登場は大規模なシステム開発を促進させた。ERPに続いて、CRMやSCM[4]、ナレッジマネジメント、ビジネスプロセスを抜本的に見直すBPR(ビジネスプロセスリエンジニアリング)、本業以外の業務を外部に一括委託することで本業に経営資源を集中させるBPO(ビジネスプロセスアウトソーシング)など新しいITコンサルティング分野が生まれていった。

表3-1はコンサルティングファームの収入順位を1991年と1998年で比較したものである。1991年に2位だったマッキンゼーは、収入は伸びているものの1998年に7位に落ちている。1998年の上位6社はITコンサルティングサービスを提供しているファームである。つまり第2のWaveと第3のWaveの上位プレイヤーは入れ替わっていることがわかる。

3－2－2　日本のコンサルティング業界の発展経緯

(1) 第1のWave（1910〜1950年）

　前述の３つのWaveは海外、特に欧米でのコンサルティングサービスの発展経緯であり、日本のそれとは異なっている。日本で有償でのコンサルティングサービスが登場したのは1910年代であり、海外と同様にテイラーの考案した科学的管理法の導入が契機であった[5]。

　日本にテイラーの科学的管理が公式に知れ渡る契機となったのは、アメリカで1911年に刊行されたテイラーの主著『科学的管理の諸原理』の訳本が刊行された1912年である。その後、文献ベースでの紹介が続き、高等教育機関による講座開設、専門雑誌の発行によって、科学的管理の知識の普及が図られた。日本初の民間経営コンサルティングファームは、1923年に荒木東一郎（1895-1977）が開設した「荒木能率事務所」である。

　日本の科学的管理法の導入と発展については、アメリカからの文献知識の導入と民間経営のコンサルティング活動と同時期に、政府主導の動きがある。当時の重要な輸出品であった織物の生産能率を高めるのが狙いであった。1927年に産業能率に関する組織として日本能率連合会が設けられ、1931年に政府組織として日本工業協会が設立された。1942年に政治的バックアップのもと両団体は統合し社団法人日本能率協会が発足している。1945年には工業標準化に関する普及を行う財団法人日本規格協会、1946年にはQC運動を推進する財団法人日本科学技術連盟が創設された。1949年には戦後の新たな能率団体組織として社団法人全日本能率連盟、1955年には財団法人日本生産性本部が設立されている。他にも財団法人・社団法人といった公的な法人格をもった組織が次々と設立されている。つまり日本の場合、企業の経営管理上の問題解決を担うのは、財団法人・社団法人などの公的法人格のコンサルティング組織が担い手の中心であった。

　また個人経営コンサルタントが活躍したのも当時の特徴である。欧米は能率向上や生産管理を指導する能率技師達がコンサルティング組織を設立して、組織拡大および海外展開を図っていったが、日本の場合、中小企業の経営管理改善を目的とする個人コンサルタントが増加した。1951年に個人経営コンサルタ

ント初の全国組織「日本経営士会」が発足し、1948年より中小企業政策の行政措置として実施されてきた中小企業診断の担い手は、その後、国家資格「中小企業診断士」制度として確立された。日本ではイギリスのブドー社のような、巨大化および海外展開を図るコンサルティング組織は誕生しなかった。

(2) 第2のWave（1950〜1980年）

　1950年代の日本は戦後の混乱期から高度成長に突入した時期であり、前述の公的法人格のコンサルティング組織や個人経営コンサルタントが担い手であった。1960〜1970年代の高度経済成長期では、様々なコンサルティング組織が台頭してきた。

　戦略系コンサルティングファームは、この時期に日本に進出している。最も日本進出が早かったのは、ボストンコンサルティンググループ（以下BCG）であり、1966年に東京にオフィスを開設している。その後1971年にマッキンゼー、1972年にA.T.カーニー、1976年にアーサー・D・リトル、1981年にベイン・アンド・カンパニー、1983年にブーズアレン・アンド・ハミルトンが続いて進出している。しかしいずれも日本市場でコンサルティングビジネスとして成功するのには苦労したようだ[6]。日本は経営知識の移転・共有を自社内で行ってきたこと（自前主義）、終身雇用制度により有能な日本人を中途でコンサルタントとして雇用できなかったこと、コンサルタントの輩出機関であるビジネススクールの未成熟さなどが理由としてあげられる[7]。

　また大手会計事務所も日本に参入し、コンピュータを活用したコンサルティングサービス（ITコンサルティングサービス）を提供しはじめた。アーサーアンダーセンやプライスウォーターハウスは1960年代に会計監査・税務サービスからITコンサルティングサービスを始めている。1970年代に入って日本企業が次々と情報システムを導入するようになり、一気に会計事務所によるITコンサルティングサービスは拡大していき、第3のWaveで更に成長を極めた。

　さらにシンクタンクもこの時期に次々と設立された（シンクタンクブーム）。シンクタンクは銀行・証券などの金融機関が設立した「総合研究所」であり、金融機関の調査部を出身母体とすることが多く、1965年に野村総合研究所、1969年に日本総合研究所、1970年に三菱総合研究所、1985年に三和総合研究所

が設立された。設立当初の目的は各社によって異なるが、マクロ経済調査やシステム開発、政策提言が中心業務であり、民間企業向けのコンサルティングサービスの存在は小さかった。

そして日本出自の独立系コンサルティングファームもこの時期に次々と登場した。1956年に日本コンサルタントグループ（設立時の社名は販売促進研究所、1963年に社名変更）、1957年にタナベ経営（設立時の社名は田辺経営相談所、1986年に社名変更）、1964年にビジネスコンサルタント、1967年にビジネスブレイン太田昭和、1968年にジェムコ日本経営（設立時の社名は日本経営合理化センター、1978年に社名変更）、1980年に日本能率協会コンサルティングが設立されている。

第2のWaveでは、海外のように戦略系コンサルティングファームが主役になることはなく、様々な形態のコンサルティング組織が台頭していた。

(3) 第3のWave（1980年～現在）

第3のWave、ITコンサルティングの世界的流れは日本でもほぼ同時期・同様に起こっている。日本企業もこぞってERPを導入したことで、日本のITコンサルティング市場も一気に広がった。前述したようにその担い手は大手会計監査法人であり、アクセンチュア（アメリカトップ監査法人アーサー・アンダーセンが起源）、ベリングポイント（KPMGコンサルティングがアーサー・アンダーセンのコンサルティング部門を吸収合併、プライスウォーターハウスクーパースコンサルタントに社名変更、現在はプライスウォーターハウスクーパース）、IBMビジネスコンサルティング（IBMがプライスウォーターハウスコンサルティングを買収、現在は日本IBM）が中心的な役割を果たしていった。

日本のコンピュータメーカーや、商社・金融などの情報システム部門がITコンサルティング機能強化またはITコンサルティングファームを次々と設立した。日立製作所系の日立コンサルティングや、住友商事系のSCSK、野村証券系の野村総合研究所などがある。大手ITコンサルティングファームは上流設計から開発、運用保守管理まで一括請負するゼネコン的な役割を果たすことより、システムインテグレーターと称されることもある。

ITコンサルティングファーム以外にも、企業再生コンサルティングファーム[8]や財務アドバイザリーファーム[9]が台頭している

3-3 コンサルティング産業の市場規模とファーム分類

本節では日本のコンサルティング産業の市場規模とファーム分類を行う。

3-3-1 コンサルティング産業の市場規模

大石（2004）によると、ユーロモニター社調べのマネジメントコンサルティングサービスの日本市場規模は、2002年で約1,430億円、2007年で約3,116億円と推計されている。廣川（2005）は1,800～3,000億円と推計している。またIT専門調査会社のIDCJapanは2015年の国内コンサルティング市場を6,463億円と推計している。内訳としてはビジネスコンサルティング市場（戦略、業務改善、財務／経理、組織／人事変革、リスク管理等）が3,389億円、ITコンサルティング市場（IT戦略およびIT業務コンサルティング）が3,074億円である。ITコンサルティングを含まない、日本のいわゆる経営コンサルティング産業の市場規模は3,000億円が1つの目安になるだろう。

3-3-2 コンサルティングファームの分類

コンサルティングファームは設立経緯や得意分野などによって分類されるが、これまで行われたコンサルティングファーム分類を時系列で整理したものが表3-2である。

いずれも大まかな分類方法に違いはなく、「戦略系ファーム」「IT系ファーム」[10]「日系ファーム」「組織人事系ファーム」「総研系ファーム」「その他ファーム」に分類できる。「その他ファーム」には流通・小売、教育研修、財務などに特化したファーム、ベンチャー支援ファーム、再生支援ファームなどがある。また「その他」であげられているIT・業務系は会計事務所を出自としない（独立系・日系）ITコンサルティングファームであり、「IT系ファーム」に含めることができる。

このファーム分類に基づき、それぞれの特徴と代表的ファームを整理したものが表3-3である。ただし「その他ファーム」は除いている。

以上がコンサルティング産業の発展経緯と市場概況、主要プレイヤーである。

表3-2 コンサルティングファーム分類の整理

	戦略系	IT系	日系	組織人事系	総研系	その他
高橋 (1993)	外資系 ゼネラルコン サルティング	外資系 会計事務所	日系 コンサルティ ング会社		総合研究所	日系 会計事務所
和田 (1995)	外資系戦略 ファーム	外資系 会計事務所	国内系 総合ファーム	人事関連 ファーム	銀行・証券系 ファーム	特化型 ファーム
ジョブウェブ (1999)	戦略系	会計事務所系 (IT系)	日本系		シンクタンク 系	専門系
みんなの就職 (2003)	戦略系	総合 コンサル系			総研系	IT系 特化系
大石 (2004)	戦略系 ファーム	旧会計事務所 系ファーム	日系ファーム	人事系 ファーム	国内総合研究 所系ファーム	IT・業務系特 化型ファーム
廣川 (2005)	戦略系 ファーム	会計系 ファーム	国内系 ファーム	特化系 ファーム		IT系ファーム
ジョブウェブ (2007)	戦略系Ⅰ (外資系)	会計事務所系	日本独立系		銀行・証券系	戦略系Ⅱ (日系)
イノウ (2008)	戦略系	会計事務所系		組織・人事系	総研系	財務系 教育研修系
神川 (2008)	戦略系 ファーム	総合系 ファーム	国内独立系 ファーム	組織人事系 ファーム	シンクタンク 系ファーム	業務・IT系 FA系※

(出所) 高橋 (1993)、和田 (1995)、ジョブウェブ (1999・2007)、みんなの就職 (2003)、大石 (2004)、廣川 (2005)、イノウ業界研究会 (2008)、神川 (2008) を参考に筆者作成
　　　※FAとはファイナンシャル・アドバイザリー

次章以降にて、「知識」を核としたビジネスのマネジメントを明らかにするために、先行研究をもとに導き出した4つの検証課題を、2社のコンサルティングファームを取り上げて、ケーススタディによって考察していく。なお、分析対象として取り上げるコンサルティングファームは本章の考察を参考にする。

表3-3 コンサルティングファーム各分類の特徴と代表的ファーム名

ファーム分類	特徴
戦略系ファーム	グローバル展開する大企業を顧客に持ち、経営戦略の立案・実行支援など戦略分野に特化したコンサルティングを行う。グローバルに展開し、世界中の情報や先進事例を迅速に入手できる。独自の問題解決手法や経営理論などのコンセプト・手法の開発に投資している。代表的ファームはマッキンゼー・アンド・カンパニー、ボストン・コンサルティンググループ、ローランド・ベルガー等。日系ではドリームインキュベータ、コーポレイトディレクション等。
IT系ファーム（総合系ファーム）	会計監査法人から派生して生まれたファームが多い。会計システムや業務システムといったITコンサルティング分野を中心に、経営戦略や経営管理、組織人事分野など幅広いコンサルティング機能を持ち、総合的に顧客の問題解決を行う（総合系ファームとも呼ばれる）。システム構築のために大規模かつ長期間にわたるプロジェクトになる場合も多い。グローバル展開しているファームも多く、世界中のノウハウや先進事例を入手・活用できる。代表的ファームはアクセンチュア、KPMGコンサルティング、デロイトトーマツコンサルティング等。日系ではフューチャーアーキテクト、アビームコンサルティング等。
日系ファーム	日本独自に誕生したファーム。流通・小売、業務効率化など何らかの分野・テーマに特化しているファームが多く、売上向上やコストダウンなど効果が見えやすいテーマに強い。顧客の企業規模は幅広いが、中小企業が多い。代表的ファームはタナベ経営、船井総合研究所、日本能率協会コンサルティング等。
組織人事系ファーム	人事戦略、制度設計や組織変革、人材育成プログラムなど、人や組織に特化したファーム。グローバルに展開しているファームも多い。代表的ファームはヘイコンサルティンググループ、タワーズワトソン、マーサージャパン等。
総研系ファーム	大手銀行・証券会社など金融機関が設立したシンクタンク。リサーチ、コンサルティング、システム、経済調査などサービス内容は幅広い。代表的ファームは野村総合研究所、日本総合研究所、三菱総合研究所、三菱UFJリサーチ&コンサルティング等。

（出所）筆者作成

■注
1　詳しくはEdersheim, Elizabeth Haas（2004=2007）を参照されたい。
2　ビッグ・エイトに含まれていた会計事務所は、アーサーアンダーセン、アーサー・ヤング、クーパーズ&ライブランド、デロイトハスキンズ&セルズ、アーンストヤング&ウィニー、ピートマーウィック、プライスウォーターハウス、トウシュ・ロス。合併や、会計

業務とコンサル業務の分離などを経て、現在はビッグ・フォーに再編された。
3　ERPの正式名称は「Enterprise Resource Planning」であり、企業全体を経営資源の有効活用の観点から統合的に管理し、経営の効率化を図るための手法・概念のことである。これを実現するための統合型（業務横断型）ソフトウェアを「ERPパッケージ」と呼ぶ。
4　　CRMの正式名称は「Customer Relationship Management」であり、情報システムを活用して企業が顧客と長期的な関係を築く手法のことである。またSCMの正式名称は「Supply Chain Management」であり、取引先との間の受発注、資材の調達から在庫管理、製品の配送まで、いわば事業活動の川上から川下までをコンピュータを使って総合的に管理する手法のことである。
5　日本のコンサルティング産業の生成については、佐々木（1998a, 1998b）が詳しい。
6　日本市場でコンサルティング顧客開拓の苦労や困難さは、マッキンゼー日本支社長だった大前研一氏およびBCG日本代表だった堀紘一氏の著書で書かれている（補章参照）。
7　日本のコンサルティング産業の発展については、補章にて考察している。
8　日本の企業再生コンサルティングファームとして知られているのは、リヴァンプや経営共創基盤である。
9　財務アドバイザリーファームはM&Aに関わるアドバイスを専門にしており、KPMG FAS、E&Yトランザクション・アドバイザリー・サービスなどがある。
10　大手IT系ファームはITコンサルティングにとどまらず、戦略コンサルティング部門を保有することから、総合系ファームとも呼ばれる。

第4章

分析方法

本章ではケーススタディに関する分析手法、分析対象企業とデータソース、および分析視点についてまとめる。

4-1　分析手法

　本書のテーマは「知識」を核としたビジネスのマネジメントを明らかにすることであり、先行研究レビューを通じて、次の4つの検証課題を導いた。
　第1は、PSFはどのように「知識財ジレンマ」を克服しているのか。
　第2は、PSFはどのように正当性ある知識提供者として認められるのか。
　第3は、効率型PSFはどのように顧客と協調的関係を構築しているのか。
　第4は、PSFはどのようにテーラーメイドな知識集約サービスと工業化の両立を可能にしているのか。
　以上の検証課題を明らかにする分析手法として、本書ではケーススタディを採用する。Yin（1994）によれば、社会科学リサーチ方法として、ケーススタディ、実験、サーベイ、歴史、資料情報分析などの異なるリサーチ戦略があり、「リサーチ問題のタイプ」「実際の行動事象に対する研究者の制御」「現在事象への焦点」という3つの要素によって、取るべき方法が異なるとしている。そしてケーススタディは、「どのように」「なぜ」というリサーチ問題のタイプで、行動事象に対する制御の必要性が「なし」の場合、そして現在事象への焦点が「ある」場合に妥当性があるとしている。

前述の4つの検証課題を明らかにしていくためには、過去ではなく現在の実際の企業のビジネスモデルを詳細に解明していく必要があり、その現象に潜む理由や因果関係まで明らかにしていかなければならない。そのためには分析手法としてケーススタディの採用が妥当であると考える。

4-2　分析対象企業とデータソース

ケーススタディの分析対象企業として、コンサルティングファームであるマッキンゼーとアクセンチュアの2社を取り上げる。本節では2社を分析対象企業として選択した理由とデータソースについて整理する。

本書では先行研究レビューを通じて4つの検証課題を導いた。第1は知識財ジレンマの克服、第2はPSFの正当性メカニズム、第3は顧客との協調的関係の構築、第4はテーラーメイドな知識集約サービスと工業化の両立である。

この中で第2のPSFの正当性メカニズム、つまりPSFがどのように正当性ある知識提供者と認められるのかという検証課題を明らかにするには、名声、知名度・ブランド力が高いコンサルティングファームを選択するのが適当であり、分析対象企業としてマッキンゼーを取り上げる。マッキンゼーは"ザ・ファーム（ファームの中のファーム）"とも呼ばれ、コンサルティング業界発展の中心的な役割を果たしてきた（O'Shea and Madigan 1997）。今なお成長を続け、戦略系コンサルティングファームの中では企業規模が最も大きい[1]。同社の思考方法や人材育成について書かれた数多くの本が出版されており、「マッキンゼー」の名前は一般の人々まで認識するようになっており、トップ・ブランドとしての評価は揺るぎないものがある[2]。

そして第3の顧客との協調的関係の構築および第4のテーラーメイドな知識集約サービスと工業化の両立については、Maister（1993）の効率型サービスと生産財の標準化戦略およびサービス工業化モデルとの矛盾から導き出された課題であり、Maisterの効率型サービスに該当するファームを選択するのが適当である。分析対象企業として、効率型ファームの代表ファームとして今なお成長を続け、ITコンサルティングファームとしてだけでなくコンサルティングファームとしても、企業規模が最も大きいアクセンチュアを取り上げる。

表4-1　3つのWaveの代表的ファームとサービスタイプ

		代表的ファーム	サービスタイプ
第1のWave	科学的管理	Emerson, Bedaux, Big Four, Maynard	経験型サービス
第2のWave	組織と戦略	Booze Allen, Mckinsey, BCG, A. T. Kearney	頭脳型サービス
第3のWave	IT・ネットワーク	Big FIVE, EDS, CSC, Gemini	効率型サービス

（出所）Kipping（2002a）Table 3.4、Table 3.5を参考に筆者作成

　Kipping（2002a）は、第3章で言及したコンサルティングファームの発展経緯である3つのWaveの代表的ファーム名と、Maisterの3タイプのいずれに該当するかを示している（**表4-1**）。

　効率型ファームに該当するのは第3のWaveのIT・ネットワークに関わるコンサルティングファーム、つまり第3章で整理したIT系コンサルティングファームであり、最も規模が大きいのはアクセンチュアである。同社はKippingが代表的ファームとして挙げたBig FIVE（5大監査法人）を起源として生まれたファームであり、詳細はケーススタディにて考察を行うが同社は継続的に成長している。

　マッキンゼーはブランド力がトップのファームであり、アクセンチュアは企業規模がトップのファームである。本書で採用するケーススタディの役割は分析的一般化であるが（Yin 1994）、いずれもNo.1のファームを取り上げることは、"なにか特別なメカニズムやマネジメント"を考察する上でも適切と考えられる。4つの検証課題のうち第1の「知識財のジレンマ」については2社ともに考察対象とする。

　Kippingは第1のWaveにおける代表的ファームのサービスタイプは経験型ファームとしたが、この時期のほとんど全てのファームは消滅しており[3]、マッキンゼーやアクセンチュアに匹敵するファームは特定できない。また先行研究レビューにおいて、経験型サービスは顧客適応戦略と標準化戦略の中間であり、頭脳型サービスと同じく"工業化されていない"接点重視モデルであると分析してきた。経験型ファームを分析対象企業として取り上げなくとも、

マッキンゼーとアクセンチュアの考察結果を参考にできる。

　よって本書ではマッキンゼーとアクセンチュアの2社をケーススタディ対象企業とする。なお、詳細は後述するがアクセンチュアは標準化・工業化の取り組みが特にみられるビジネスプロセスアウトソーシング（BPO）事業を対象として分析を行った。

　次にケーススタディのデータソースについてまとめる。ケースの記述は、新聞雑誌記事や当該企業について記述された論文・書籍の内容、分析対象企業のアニュアルレポートやホームページ、会社パンフレットといった2次情報と、インタビュー調査を行った。なお、アクセンチュアに関しては広報担当者およびBPO事業担当者へのフォーマルなインタビューを行った。またマッキンゼーに関してはフォーマルなインタビューを引き受けて頂けなかったため、前述の2次情報をベースとしながら、同社も含めて戦略系コンサルティングファームに所属経験のある（現在も含む）5名のコンサルタントにインタビューに協力頂き、ケースの記述を補足した。同社も含め戦略系ファームは機密保持に厳格であるため、ご本人の希望により所属ファームや氏名を伏せている。

　さらに筆者自身がPSFに所属しており、人材流動性の高い業界のため、プロフェッショナルサービスの他ファームからの転職者からの情報、他ファームへの転職者との交流、プロフェッショナルサービスを専門とする人材紹介会社の担当者からの情報など、公式・非公式を問わず、常にプロフェッショナルサービス他社に関する情報を常に収集しており、本書の補足として役立てる。

4-3　分析視点

　本書のテーマである「知識」を核としたビジネスのマネジメント、その中でも前述の4つの検証課題を明らかにするために、知識創造プロセスを含めたコンサルティングプロセス、ファームマネジメントという2つの切り口でケーススタディの記述を行う。

　プロフェッショナルサービスの知識創造プロセスとは、ファームが、①経営手法（形式知）を創造し、それを、②顧客に導入・移転し、その導入・移転を通じて、③顧客側に情報やノウハウ（暗黙知）が生まれ、ファームがそれを、

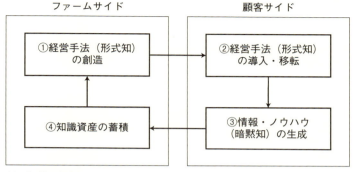

図4-1 プロフェッショナルサービスの知識創造プロセス（再掲）

（出所）筆者作成

④知識資産として蓄積し、そこから新たな①経営手法（形式知）を生み出すプロセスである（図4-1）。

ファームのマネジメントについては、エントリー⇒診断⇒実施計画立案⇒導入⇒終了というコンサルティングプロセス（Kubr 2002）を分析項目として取り入れる。エントリーとは顧客との最初の接触であり予備診断を行ってプロポーザルを行って契約につなげること、診断とは解決すべき問題を徹底的に診断・分析を行いその結果をフィードバックすることである。実施計画立案とはいくつかの解決策を導き、各選択肢の評価および実行計画を策定し顧客に提案を行うこと、導入とは選択された実行策を実際に導入サポートすることである。最後の終了とはアサインメントの評価、最終報告書の提出、フォローアップである。ただし実際はいくつかの段階を重複させたり、いくつかのプロセスを省略したりする[4]。

プロフェッショナルサービスの知識創造プロセスは実際のサービスデリバリー、すなわち一連のコンサルティングプロセスと連動しており、この2つのプロセスを合わせたものが図4-2である。

ファームは経営手法（形式知）を創造し、それを営業活動（書籍やセミナー、予備診断や提案書作成等）に活かす。そして契約締結後の診断分析および解決策提示、実行支援の段階では、経営手法（形式知）の導入・移転を行う。経営手法の導入・移転を通じて、顧客側に情報ノウハウ（暗黙知）が生まれ、それ

図4-2 知識創造を含めたコンサルティングプロセス

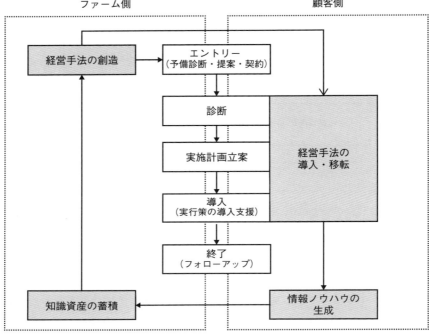

(出所) Kubr (2002=2004) p.26を参考に筆者作成

をファームが知識資産として蓄積する。そしてファーム内で新たな経営手法（形式知）を生み出していく。ただし知識創造を含めたコンサルティングプロセスだけでは、人材育成や報酬システムなどファームマネジメントを網羅できない。Scott (2001) はスタッフ500名以上のPSFの主なマネジメントポイントとして、形式化されたマーケティング、人材獲得とトレーニング方針、報酬システム、メソッド開発（知識創造プロセスに含む）をあげており、更にスタッフ2,000名以上のファームの場合はコーポレートブランドとアイデンティティ、財務管理と資本政策を加えている。これらの項目は、①マーケティング、②人材マネジメント、③コーポレートブランドとアイデンティティ、④財務管理と資本政策の4項目にまとめることができる。

　以上より、知識創造メカニズムを含めたコンサルティングプロセスと、これ

ら4項目のファームマネジメントという視点で、ケースの記述を行う。

■注
1　本国内においてもグローバルベースでも売上規模および人員規模は戦略系コンサルティングファームの中で最大といわれている。しかし同社も含めた戦略系コンサルティングファームは、ITコンサルティングやアウトソーシングの業務にも進出しているため、純粋な戦略コンサルティング分野の売上規模を把握するのは難しくなってきている。
2　北村（2006），p.65。
3　Kipping（2002a），p.31。
4　Kubr（2002=2004），p.26。

第5章

ケーススタディ（戦略系ファーム）

　本章ではケーススタディ対象企業として、トップブランドのコンサルティングファームであるMcKinsey & Company（マッキンゼー）を取り上げる。
5-1では同社の沿革を含めた企業概要を整理し、5-2では同社の知識創造を含めたコンサルティングプロセスについて、5-3では同社のファームマネジメントを記述し、5-4にてまとめを行う。

5-1　企業概要

　マッキンゼーは戦略系コンサルティングファームの中でも古い歴史を持ち、現在のコンサルティングビジネスの基礎を築いたといわれる（Kubr　2002, O'Shea and Madigan　1997）。本節では同社の沿革を含めた企業概要を整理する。

(1)　マッキンゼーの沿革[1]

　同社の設立は1926年、シカゴ大学の会計学教授であったジェームズ・O・マッキンゼー（James O. McKinsey）らによって設立され、当初はエンジニアリングマネジメント・ファームとして、1930年から業務監査と時間研究などを主たる業務として活躍しはじめた。その後、企業や組織が直面する問題について、より本質的に、より高い次元から、根本的に解決するトップ・マネジメント・アプローチ（全社的視点に立った問題解決）を提唱した。当初の顧客は金融機関だったが、シカゴ有数の百貨店マーシャル・フィールド、USスチールな

どの大企業の顧客を増やしていった。本社はシカゴに置き、1932年にニューヨークに進出している。1937年にジェームズ・O・マッキンゼーが亡くなった後、シカゴとニューヨークのオフィスは分割し、ニューヨークオフィスは「マッキンゼー」を名乗り、シカゴオフィスはシニアパートナーのカーニーの名前をとり「A.T.カーニー・アンド・カンパニー」となった。

　1933年に入社し、後にマッキンゼーのトップとなった弁護士出身のマービン・バウワー（Marvin Bower, 1903-2003）は同社の成長をリードし、Fact-base（事実に立脚する）"、"Analytical approach（分析的アプローチ）"という概念、および科学的および論理的な問題解決の方法論を明確な形で確立した。またプロフェッショナル・ファームにおいて個々人に求められる行動規範、組織運営の理念「プロフェッショナル・コード」も確立させ、前述の科学的および論理的な問題解決の方法論とともに、現在のマッキンゼーの変わらぬ理念となっている。

　同社は1959年のロンドンオフィス開設を皮切りに海外展開を進め、1960年代終わりまでには西欧に6つのオフィスを持ち、当時収入の3分の1以上を海外拠点で稼いでいた。同社のオフィス数およびコンサルタント数からみる成長推移は**表5-1**の通りである。

　2015年時点で、世界50ヶ国以上で100を超える拠点（オフィス）を構えており、9,000人以上のコンサルタントを抱えている。顧客構成は約40%がヨーロッパ、

表5-1　マッキンゼーの成長推移

年	オフィス数	コンサルタント数
1975	24	529
1980	31	744
1985	36	1,248
1990	47	2,465
1995	69	3,559
2000	83	>6,000
2009	90	>7,000

（出所）Kipping（2001a）p.34，同社ホームページより筆者作成

表5－2　マッキンゼー（日本法人）企業概要

社名	マッキンゼーアンドカンパニー
支社長	ジョルジュ・デヴォー
本社	東京都港区
設立	1971年
事業内容	経営コンサルティング、テクノロジーサービス、アウトソーシングサービス
売上高	非公開
従業員数	非公開

（出所）同社ホームページより筆者作成

約35%がアメリカ、約15%がアジアパシフィック、約10%が中南米・アフリカである。顧客は民間企業だけでなく公的機関や非営利法人まで幅広い[2]。

(2) マッキンゼー（日本法人）の概要

同社が東京に支社を置いたのは1971年であり、2016年現在40年を超えている。日本進出当初の顧客は日本航空、三菱重工業といった大企業であったが、日本ではまだまだ知名度は低く顧客開拓には苦労していたといわれる。1989年に日本支社長となったのが1972年に入社した大前研一氏である。大前氏は1980年代に入って経営戦略に関する著書（『マッキンゼー　現代の経営戦略』『企業参謀』『平成維新』等）を次々と刊行し、同社の知名度向上に貢献した。

公開情報をもとにした同社（日本法人）の概要は表5－2の通りである。

5－2　知識創造を含めたコンサルティングプロセス

本節では同社の知識創造を含めたコンサルティングプロセスについてまとめる。コンサルティングプロセスとは前章で整理したように、エントリーから診断、実施計画立案、導入、終了・フォローアップまでの一連のサービスプロセスのことである。

5-2-1 エントリー

　エントリーとは顧客との最初の接触であり予備診断からプロポーザルを行って契約につなげることである。ここでは同社が顧客に提示する高額なコンサルティングフィーの水準と、営業体制についてまとめる。

　同社は経営戦略の立案・実行支援に特化した戦略系コンサルティングファームであり、その対価として頂くコンサルティングフィーは1ヶ月3,000万円程度、プロジェクト期間は3～6ヶ月間が中心といわれている[3]。戦略系ファームの中では同社のコンサルティングフィー水準が最も高く、他の戦略系ファームでは月額（最低）1,000万～1,500万円である[4]。

　コンサルティングファームは顧客名や依頼内容、コンサルティングフィーを公表することは、顧客側が了承する場合や上場企業のため情報公開を求められる場合を除けば、契約上できない。日本に拠点を持つ戦略系ファームのほとんどは外資系かつ非上場企業だが、BCGの日本代表を務めた堀紘一氏が2000年4月に設立した株式会社ドリームインキュベータがインキュベーションビジネスとともに大企業向けコンサルティングを行っており、2002年5月に株式公開

表5-3　ドリームインキュベータ　主な販売先および販売実績

H23/3	販売先：トヨタ自動車㈱：2億9,350万円
	販売先：三井物産㈱：2億7,500万円
H21/3	販売先：㈱コーセー：2億5,520万円
H20/3	販売先：㈱コーセー：2億5,520万円
H19/3	販売先：㈱オリエンタルランド：1億8,909万1,000円
H15/3	販売先：日本電信電話㈱：1億8,833万2,000円
	販売先：㈱カプコン：1億5,000万円
H14/3	販売先：日本電信電話㈱：8,300万円
	販売先：㈱カプコン：1億4,400万円
H13/9	販売先：㈱NTTドコモ：1億2,162万円（半期）
	販売先：旭硝子㈱：6,600万円（半期）
H13/3	販売先：ルイ・ヴィトンジャパン㈱：1億1,220万円
	販売先：オリックス㈱：1億1,100万円

（出所）同社有価証券報告書より筆者作成
※ただし全てが戦略コンサルティング案件とは限らない

をしている。有価証券報告書から顧客名やコンサルティングフィー水準を知ることができ、記載されている主な販売先および販売実績をまとめたものが**表5－3**である。それぞれ契約期間（月数）が不明なため、正確な月額報酬は算出できないが、同社トップの堀氏はインタビューで、月額報酬を2,000~3,000万円と答えている[5]。戦略系ファームのコンサルティングフィー水準の参考になる。

つまりマッキンゼーを含めた戦略系ファームに依頼する場合、1つのプロジェクトで億単位のコンサルティングフィーが必要となる。これだけの金額を支払える企業は年商1,000億円を超える大企業に限られてしまう[6]。同社は公式ホームページに国内売上上位企業30社の7割にコンサルティングサービスを提供していると公表している。

では、これだけの高額なコンサルティングプロジェクトをどのように受注しているのだろうか。同社のキャリアパスは一番下から、ビジネスアナリスト、アソシエイト、マネジャー、パートナー（プリンシパル）[7]であり、売上目標はマネジャー以上に課されており、パートナーはファーム全体のマネジメント責任を担い、コンサルティングプロジェクトを安定的に受注してくることが大きなミッションになる。マネジャーまではプロジェクトに直接的に従事するが、パートナーになるとコンサルティングの実際の現場にはほとんど関わらない。顧客側の経営者層と密なコミュニケーションを図って、次のコンサルティングテーマとなる経営課題を常に探り、すかさずプロポーザル（企画提案）を行って受注につなげる。経営会議で議論されているテーマをキャッチして、1週間で提案書を作成する場合もある[8]。既存顧客からいかにリピート受注を引き出せるかがパートナーの能力となる。また億単位の大きなプロジェクトになるとコンペ形式になり、企画提案に1ヶ月など時間をかける場合もあるが、競合相手は戦略系ファームになる場合が多い[9]。

同社を含めた戦略系ファームは既存顧客からのリピート受注を重視している。同時に新規顧客の開拓も行っており、パートナーの重要なミッションである。具体的には市場動向や事業環境などから注目・強化すべき分野・テーマを絞り込み、注目・成長企業に対して、電話やメールなどでアポイントをとり、集中的な提案営業を行っている。その場合、グローバルネットワークから仕入れた

最新事例や調査結果などをもとに、コンサルティング提案のきっかけをつかんでいる。

5-2-2　診断・実施計画立案・導入

　診断・実施計画立案・導入とは、顧客が問題解決すべき問題を徹底的に診断し、最適な解決策を提言し、実施の助力を行うことである。同社のコンサルティングの特徴として、チームアプローチとファクトベース、スピードがある。

(1)　チームアプローチ

　受注後にプロジェクトチームが組成されるが、同社を含めた戦略系ファームの場合、プロジェクトチームは1～2名のパートナークラスが関わり、1名のマネジャー、数名のアソシエイト、おおよそ4～5名で構成される[10]。メンバーにはリサーチを専門に行うスタッフが参画する場合もある。チームメンバーは、パートナークラスを除けば（パートナークラスは複数の顧客を担当する）、そのプロジェクト専任となり、原則として他の顧客プロジェクトとの兼任はしない。プロジェクト期間中は顧客に張り付いて、例えば昼間は顧客先でインタビューやミーティングを行い、夕刻から自社オフィスに戻って深夜まで資料を作成するというハードスケジュールをこなす。顧客のオフィスにコンサルタントのための作業スペースを確保してもらい、ほぼそこに常駐して取り組むこともある。

　顧客側の経営企画室や担当役員から選抜されたメンバーとコンサルタントとのプロジェクトチームが組成され、顧客と協働しながら、依頼されたテーマの問題解決に取り組む。年配のベテランコンサルタントが先生スタイルでコンサルティングを行うのとは違って、コンサルタントは顧客側プロジェクトメンバーと一緒に汗をかくのが特徴である。

　プロジェクトテーマや期待役割によって、"人材プール"からチームメンバーが選ばれる。チームメンバーはプロジェクトテーマによっては世界各国から最適なメンバーが集められる。日本の医薬品メーカーのプロジェクトチームでは、日米欧から医薬品業界に知見のあるコンサルタントが集められチームが編成された[11]。

各メンバーの知識・経験・ノウハウをフル動員して、更に分析および解決策をブラッシュアップさせていく。顧客のほとんどはコンサルティングを発注する前に、既に社内で優秀人材を集めて問題解決に取り組んでいることも多い。それでも的確な解決策が導かれなかったため、ファームに依頼しており、早急な解決策を求めている[12]。よって4〜5人のチームメンバーが朝から晩まで問題解決に挑み、数ヶ月という短い期間（時には1ヶ月）で確実にベスト・ソリューションを導き出さなければならない。

同社（日本法人）が顧客と協働的問題解決に取り組んだ事例として、東京大学の業務改革プロジェクトやNTTドコモのiモード開発が知られている。前者は東京大学が国立大学独立法人化を迎え、大学事務の大改革を同社に依頼したもので、東大教職員と同社コンサルタントが共同チームを作り、文書決裁の簡素化など改善策を策定し、その実行支援を行ったものである[13]。後者のiモードの開発プロジェクトにも同社コンサルタントが参画しており、プロジェクトチーム10名のうち4名が同社コンサルタントであったという。

(2) ファクトベース

ファクトベースとは、長年の経験ベースから導くのではなく、事実の調査・分析を丹念かつ徹底的に行うことで、客観的な立場から説得力のある提言を再現的に行うことである。経験でもなく、ヒラメキ・勘でもなく、事実に基づく提言を行う。このやり方により、20〜30代の若いコンサルタントでも、自身の親ほどの年齢の経営者に対して発言することができ、付加価値を提供できる。そのために朝から晩まで顧客に張り付いて、数え切れないインタビュー、データ分析や調査を行う。その中からいくつかの仮説を立案し、事実をもとに検証していく。膨大なグラフや表、パワーポイント資料を作成しても、顧客に提出する資料には使われないことも多い。ひたすらそれを繰り返して、顧客にとってのベスト・ソリューションを導き出していく。分析において、7S（エクセレント・カンパニーのフレームワーク）や、MECE（ミーシー：ロジカルシンキング・メソッドの1つ）やロジック・ツリー、ピラミッド・ストラクチャーなどの論理的思考法、様々な分析フレームワーク[14]を駆使する。とはいえ的確な解決策を導くためには、顧客と対等に議論ができる業界知識を持たなければなら

ない。プロジェクトスタート時にわずか3週間でその業界の専門家になることを課される場合もある[15]。

またコンサルタントという客観的な立場の提言が求められるのは、いくら優秀な社内人材を集めて検討させても、その業界に埋没している社員だけでは、過去の成功経験や業界の慣習にとらわれてしまい、新規性のある独自な発想がなかなか出てこないからである。さらに社内の派閥や上下関係もあって自由闊達に意見することも難しい。その傾向は大企業では珍しいことではなく、コンサルタントには「代弁する」役割も求められる[16]。

(3) スピード

同社を含めた戦略系ファームは、顧客側の社員が担当業務と兼任した上で問題解決に半年間かかっていたことを、1ヶ月で解答を導き出すこともある。同社コンサルタント（過去在籍者含む）の発言より、解決スピード力が伺える。

> （当時マネージャー　菅原章氏）
> 「会社（顧客）だけでしたら通常2～3年かかるものを、社長の横にいて2～3ヶ月で決断していくので、トップに不満はないと思います。」（出所）「外資系に学ぶ人材戦略　マッキンゼー・アンド・カンパニー」『人材教育』2000年4月号，p.83。

> （元マッキンゼーパートナー、株式会社ディー・エヌ・エー創業者　南場智子氏）
> 「（コンサルタントの価値は）とりあえず宿題としてやってほしいことをお願いすると、私が株主総会や取締役会に出たり、社内でミーティングなどをしているうちに、どんどんやってくれて、どこかで5分ぐらい時間がとれるときにサッと報告を聞いて、再度指示を出して、また馬車馬のように働いてくれる。コンサルタントにこのような役割を求めることもあります。」（出所）ジョブウェブコンサルティング研究会（2007）「コンサルティング業界大研究」産学社，p.264。

同社にはこの5分より短い30秒ルールが存在する。顧客トップとエレベーターに乗り合わせた30秒の間に、問題点や解決策を明確かつ効率的に報告するというものである。多忙な大企業トップの手足となって、常に猛スピードでの

問題解決と報告が求められる。

つまり同社の提供価値は、大企業の経営課題に対して、チームアプローチにより、独自の経営手法を駆使しながら、客観的な立場から、非常に短期間で、ベストソリューションを導くことにある。

また顧客トップのタイプによって、ファームへの期待も異なってくるという[17]。いわゆるオーナー社長、特に創業者であれば、自分自身が思い描いている戦略が正しいのか間違っているのか、その根拠は何かといった確証をファームに求めている。またサラリーマン社長であれば、自分自身が考えている戦略や方針を具体化して、第三者として社内関係者にロジカルに説明・説得してくれることをファームに求めている。

5-2-3 終了・フォローアップ

終了とはコンサルティングの完了によるコンサルタントの引き揚げであり、必要に応じてフォローアップやリピート営業が行われる。5-1で言及したように、パートナークラスが中心になって、コンサルティング期間内から次のコンサルティングテーマを探り、すかさずプロポーザルを行い、リピート受注につなげていく。コンサルタントがプロジェクトにアサインされない期間（社内無職期間）を作ることはファーム全体の収益に影響を与えるため、パートナークラスの受注責任は大きい。

リピート受注を高める仕組みはいくつかみられる。1つはプロジェクト期間を短く区切って、その都度コンサルティング成果を明確に出していくやり方である。プロジェクト期間は短ければわずか1ヶ月、通常でも3～6ヶ月といった短い期間で契約する。プロジェクトが長期間にわたる場合でも、プロジェクトをいくつかに分けることもある。そして1つひとつのプロジェクトで確実にコンサルティング成果を出して、コンサルティング効果を実感させる。顧客はその成果を評価して、また次のプロジェクトを発注するというように継続される[18]。同社の売上の多くは既存顧客から上がっているという[19]。

また関与する期間が長くなればなるほど、ファームは顧客内の事情や組織などを深く知ることになるため、顧客も別のファームに切り替えて、1から自社について説明するよりも、自社の事情をよくわかっているファームと継続的に

付き合うほうが良いと判断する。ファームが顧客に入り込めば入り込むほど、顧客が他のファームに切り替えるスイッチングコストが高くなるからである。ただ顧客トップを強くグリップしているのは特定のパートナーであるため、顧客トップが代わったり（社長交代など）、パートナーが退職したりする時が、使っているファームが切り替わるチャンスでもある[20]。そうでもない限り、一旦入り込めば断続的ではあるが、コンサルティングはリピート発注されていく。ほとんどの顧客は国内外に多くの拠点を持つため、テーマによってはコンサルティングで導かれた戦略や成功事例を、国内外も含め他の拠点で展開することを希望することも多く、リピートも発注されやすいという[21]。

5-2-4　知識創造プロセス

PSFの知識創造プロセスとは、ファームが経営手法（形式知）を創造し、それを顧客に導入・移転し、その導入・移転を通じて顧客側に情報やノウハウ（暗黙知）が生まれ、ファームに知識資産として蓄積され、そこから新たな経営手法を生み出すプロセスである。同社の知識創造プロセスの特徴は、(1)プラクティス活動による知識共有・知識創造、(2)シンクタンク組織のグローバルなマクロ研究、(3)コンサルタント（プロジェクト）を支えるナレッジサービス組織、(4)ナレッジポータルの存在、(5)Face to Faceの知識共有、にまとめられる。

(1)　**プラクティス活動による知識共有・知識創造**[22]

同社は社内でも様々な研究活動を行っており、自発的に組織する業種別・機能別の研究グループによって進められており、そこでプロジェクトの実体験を知見として昇華させ、同僚の知見と融合させることで、新しい視点やフレームワークを作り上げる。これがプラクティス活動である。

研究グループは業種別・機能別のマトリックス構造（図5-1）でグローバルチームが組まれ、コンサルタントはいずれかに所属して（複数所属する場合も）プラクティス活動に参画する。業種別では各業界が直面している課題や各業界の将来展望に関する研究、グローバルな調査活動などが展開され、機能別では業界にかかわらず企業が直面するテーマについて研究している。

なお、プラクティス活動では、コンサルタントが日々の実務の中で獲得した

第5章 ケーススタディ（戦略系ファーム） 73

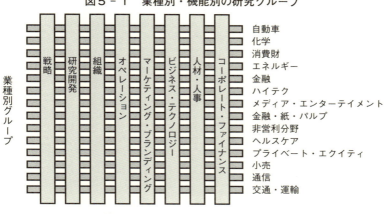

図5-1 業種別・機能別の研究グループ

（出所）同社ホームページより
※グループ分類などは変更している場合もある

断片的な実体験を体系化された知見として、プラクティス・ドキュメントという形で顕在化させることを奨励している。さらにプラクティス・カンファレンスと呼ばれる会議が世界各地で適宜開催され、100人から200人規模でディスカッションを行い、リアルタイムで、Face to Faceの知識交換が行われる。プラクティス・カンファレンスでは具体的なコンサルティング事例などを発表し、意見交換を行う。創造された知識、獲得された知識を固有の知識として再加工し共有化を図る。また参加型の知識創造活動としてプラクティス・オリンピックを開催して知識創造を競い、そこから新しい分析手法や経営コンセプトが生み出され、書籍や論文で大々的に世に打ち出されていく。また業種別・機能別の研究グループ以外にも、環境や公共事業体など重点的に取り組むべきテーマを選定し、特別研究チームが編成されている。プラクティス活動を率い、組織の知の向上に積極的にリーダーシップを発揮しているかが、パートナーの昇格基準にとりこまれている。

(2) シンクタンク組織のグローバルなマクロ研究

1991年に設立されたマッキンゼー・グローバル・インスティチュート（以後、MGI）は同社のシンクタンク組織として、グローバルなマクロ研究を行い、

様々な提言を行っている[23]。MGIはアメリカ・前オバマ大統領の就任に合わせ、高齢者向け医療保険「メディケア」など政府健康保険の無駄な支出を削る政策案を発表した。

　MGI設立の契機となったのは、1980年代末、ソビエト連邦が末期を迎えている一方、アメリカの生産性が停滞している中、ヨーロッパ企業トップから自国経済の先行きへの不安に対する問いに的確に応えるためであり、企業経営だけでなくグローバルな世界経済に関する知見の研究を強化していった。世界経済の知見を活かして各国政府の政策ブレーンとして参画したり、政策に関するコンサルティングを行っている。日本支社長だった大前氏はマレーシアなどアジア諸国の政治顧問として活躍した。

　同社は年間売上高の0.1％を投下してMGIを運営しているが、同社が研究開発に投資するようになったのは、1955年のマッキンゼー財団の設立まで遡る。財団設立の目的は大きく分けて2つあり、1つは経営学の研究に資金援助を行うことであり、もう1つは企業のエグゼクティブに討論の場を提供することである。財団の資金源は同社のパートナーの報酬であり、各人が5％を寄付した。経営学の研究に資金提供することでビジネススクールとの結び付きも強まり、数多くの共同研究が行われたという。同財団およびコロンビア大学経営大学院とで共催する講座は5年間続いて開催され、GEやIBM、AT&Tなど大企業CEOが講師として重要な経営課題を講演し、その講義録は書籍として破格の売れ行きを示したという。

(3)　コンサルタント（プロジェクト）を支えるナレッジサービス組織[24]

　同社のナレッジマネジメントを支援するのはナレッジセンターであり、24時間体制でグローバルオンラインデータベース検索を中心に、プロジェクトチームが必要とする情報・知識を迅速に情報提供している。情報スペシャリストとリサーチスペシャリストは全世界で2,000人以上いる。単なる情報検索だけでなく、様々なデータベースを駆使しての分析や、外部へのインタビューをもとに内容をまとめる等、高度な役割も求められる。同社も含め戦略ファームには高度なテクニックを駆使したプレゼン資料を作成する専門スタッフも存在しており、コンサルタントをサポートしている。ナレッジスタッフとコンサルタン

図5-2　Research & Imformation のサービス範囲

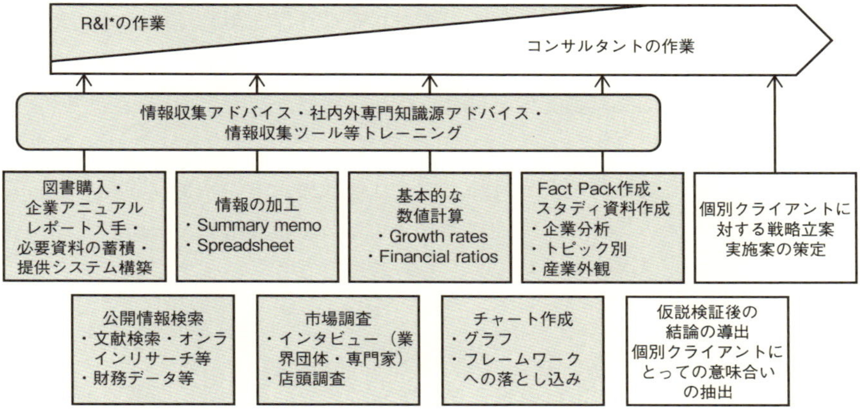

```
R&I*の作業 →　　　　　　　　　　　　　　　　　　　　　　コンサルタントの作業
```

情報収集アドバイス・社内外専門知識源アドバイス・
情報収集ツール等トレーニング

| 図書購入・企業アニュアルレポート入手・必要資料の蓄積・提供システム構築 | 情報の加工
・Summary memo
・Spreadsheet | 基本的な数値計算
・Growth rates
・Financial ratios | Fact Pack作成・スタディ資料作成
・企業分析
・トピック別
・産業外観 | 個別クライアントに対する戦略立案実施案の策定 |

| 公開情報検索
・文献検索・オンラインリサーチ等
・財務データ等 | 市場調査
・インタビュー（業界団体・専門家）
・店頭調査 | チャート作成
・グラフ
・フレームワークへの落とし込み | 仮説検証後の結論の導出　個別クライアントにとっての意味合いの抽出 |

＊R&I=Research & Information
(出所)　西田（2004）p.509より

トの作業範囲は**図5-2**の通りである。ナレッジスタッフはコンサルタントのニーズやプロジェクト内容に応じた情報を的確に収集し、使いやすく加工することが求められる。

(4) ナレッジポータルの存在

同社には「KNOW」というグローバルの知識ポータルがあり、あらゆる社内の情報源や専門家の検索、プラクティス分野の外部リソース、外部オンラインデータベースなどが検索できる。ただしコンサルティングプロジェクトに必要な情報・知識を迅速に入手するのは簡単ではないため、前述のナレッジスタッフの存在は不可欠である。

また前述のプラクティス・ドキュメントなど個別コンサルティングから得られた体系化された知見などは、ナレッジマネジャーが業種別・機能別に整理を行い、全世界共通のデータベースに登録・蓄積される。コンサルタントが知見を登録・共有化することは業績評価上でもポイントになり、ナレッジ共有化を促している。

(5) Face to Faceの知識共有

　プラクティス・カンファレンスに代表されるように、同社はFace to Faceでの知識共有化を重視している。支社間の人事異動を促したり、同僚からの電話にすぐ対応するような組織文化を奨励したり、前述のMGIに期間限定で研究員として務めたりと、人対人のつながりで情報・知識を共有化する仕組みをつくっている。特に支社間の人事異動、つまり複数拠点での勤務経験を重視しており、ディレクター（パートナーの役職の1つ）になる段階で2ヶ所以上勤務経験がないと国際的な経験が不足していると減点になるという[25]。

　以上が同社の知識創造プロセスの特徴である。
　ただし同社に限らずPSFは情報管理が徹底されているため、同僚であっても担当プロジェクトについて話をしてはならないだけでなく、アウトプット（ミーティング資料や報告書）を見せ合ってもいけない[26]。それは契約期間が終了しても、退職しても同様である。よって類似したコンサルティング内容であっても過去の報告書を転用することは認められず、1から分析を行わなければならない。非常に手間がかかり非効率に思われるが、顧客のために徹底的にカスタマイズ対応するコストも高額なコンサルティングフィーに入っている[27]。同社にはコンサルティングを通じて得た知識を他に応用する場合は出所が特定化できない程度に抽象化するという規範がある[28]。しかし他社事例をそのまま活用できないことは必ずしも同社内ではマイナスにとらえられている訳ではなく、むしろゼロから知的生産することに気概を感じている姿勢が、同社コンサルタント（当時）のインタビューより伺える。

　　（当時ディレクター　門永宗之助氏）
　　「（マッキンゼー特有のジレンマとして）我々にはNIH（not-invented-here）症候群というものがありまして、いかなる場合においても創造的なソリューションを独自に考えだしたいという思いが強いあまり、過去に同じような提言があったとしても、それをもう1度利用することを潔しとはしないのです。」
　　（出所）「マッキンゼー：プロフェッショナリズムの本質」『ダイヤモンドハーバードビジネスレビュー』2003年5月号，p.46。

5-3 ファームマネジメント

本節では知識創造プロセスを含めたコンサルティングプロセス以外のファームマネジメントの取り組みとして、マーケティング、人材マネジメント、コーポレートブランドとアイデンティティ、財務管理と資本政策の4項目を整理する。

5-3-1 マーケティング

エントリーで言及したように、同社は既存顧客からのリピート受注を重視している。同社はコア顧客を設定し、パートナーによる定期的な訪問を行い、グローバルネットワークを活かして最新の情報提供などを通じて、コンサルティングニーズの発掘をしている。また年2回程度、個別にコア顧客の研究を合宿形式で実施しており、パートナー以下、その顧客のプロジェクトに属するメンバーが参加する。

またパートナーは慈善事業、博物館、文化団体、経済団体などの顧問や委員を務めたり、業界団体で講演を行ったり、潜在的な顧客候補との幅広く非公式のネットワークを維持している。影響力を持つ人に確実にマッキンゼーの存在を知らしめるためである[29]。小泉構造改革ではマッキンゼー日本法人のトップコンサルタント達が深く関与をしている。例えば規制改革・民間開放推進会議に本田桂子氏、道路公団民営化推進委員会に川本裕子氏、郵政民営化の有識者会議に宇田左近氏などが知られている（過去含む）。

またファームの知名度や名声を高める取り組みも積極的に行っている。グローバルなマクロ経済調査結果以外にも、最新の経営手法やフレームワークなどを論文（季刊マッキンゼー・クォータリー）や書籍の形で発表している。ただし同社は不特定多数に対するセミナーやレポート提供などは行わないという。ターゲット顧客を絞り込んでいるため、不特定多数に対するアプローチに疑問があるからである[30]。また顧客側からのアプローチで、たとえ相手が大企業であっても依頼内容や先方の体制によっては断るケースもあるという。さらに同社退職者を中心にマッキンゼー式・マッキンゼー流と冠をつけた書籍（「マッ

キンゼー流　図解の技術」など）も数々刊行されているが、それも結果的に同社の知名度や名声を高めることにつながっている。

5-3-2　人材マネジメント

　同社の人材マネジメントの特徴は、①優秀な人材調達システム、②戦略的な経験者採用、③厳格なアップ・オア・アウト、④黄金の人脈、の4つである。

(1)　**優秀な人材調達システム**[31]

　同社は1953年にMBAを取得した新卒採用方針を打ち出した。当時コンサルティングファームは経験者を中心に採用していたが、論理的思考能力とコミュニケーション能力が高ければ未経験者であってもコンサルタントとして十分にやっていくことができ、ファームの規範や価値観にも染まりやすいという考えからである。段階的にMBAを取得した新卒を採用していき、1959年にはMBA取得者が全体の80％に達している[32]。現在でもコンサルティングファームの中でMBA取得者を積極採用している。またビジネススクールが入学資格として実務経験を条件付けるようになると学部卒業生をアナリストとして採用して、何年か経験を積ませてから、ビジネススクールに送り込んでいる。特に同社はハーバード大学などトップビジネススクールから積極的に採用しており、学生側からも就職人気先としても常に上位にランクされている。

　その背景には、同社が早くからビジネススクールとの密接な関係構築に取り組んできたからである。1955年の財団設立により経営学の研究に資金援助を行い、ビジネススクールとの共同研究を行ってきた。また1959年パリの近くのフォンテンブローに、INSEADというビジネススクールの設立に積極的な役割を果たした。後にINSEADはヨーロッパで優れたビジネススクールとなった。トップビジネススクールとの結びつきは優秀な学生を獲得できるだけでなく、教授陣との共同研究はアカデミックの権威付けともなる。

　同社はトップビジネススクールなど経営学分野の人材だけでなく、医師や技術者など幅広い分野の優秀な専門家を採用している。医薬品分野のプロジェクトに医師資格を持ったコンサルタントがメンバーに参画する場合もある。

(2) **戦略的な経験者採用**

　同社は経験者も"戦略的に"採用してきた。1960年代から海外進出を積極化したが、進出先の実業界や政治界とのパイプやネットワークを持つ地元エリートとの密接な関係づくりを行った。Kipping (1999) はこの地元エリートを連結者（pin）と称した。同社は連結者をファームのコンサルタントとして雇用し、そのネットワークを活用して、新たな顧客からコンサルティングプロジェクトを獲得した。例えば政府機関で働いていた人物をコンサルタントとして採用し、それによって政府機関からの案件を受託することである。実際に同社はイギリス進出時に、イギリスの官公庁で素晴らしいキャリアを持った人物に接近し、ファームに招き入れ、イギリスエリートとのコンタクトを広げていったという[33]。現代の日本でも、同社は政治界や実業界と強いパイプを持つ人材を雇用しているといわれる。

(3) **厳格なアップ・オア・アウト[34]**

　同社のキャリアパスは一番下から、ビジネスアナリスト、アソシエイト、マネジャー、パートナーである。新卒採用者あるいはビジネスキャリアが数年以内の場合はビジネスアナリストからスタートする。プロジェクトリーダーの指示のもと、プロジェクトメンバーとして参画する。ビジネスアナリストで一定経験を積んだもの（あるいはビジネスキャリアが4年以上程度の中途採用者）はアソシエイトとなり、様々なプロジェクトの推進者として活躍する。アソシエイトの中からプロジェクトマネジャーが任命され、プロジェクトを取り仕切るのがエンゲージメントマネジャーであり、企画提案、顧客との交渉、メンバーのアサイン、品質管理など、プロジェクト全般の管理を行う。その次のポストがパートナーである。

　パートナーはファームの共同経営者として、グローバルベースで組織マネジメントに参画する。日本支社の役員ではなく同社全体の役員としてである。パートナーはグローバルベースの基準に照らし合わせて選出され、同社の株主でもあり、共同経営者でもあり、トップ営業担当者でもあり、ファームの組織運営に深く関与することになる。パートナーの報酬はファーム収益の影響を受けるが、年収1億円以上をもらう人も少なくないという。パートナーは顧客・

リーダーシップ、ソート・リーダーシップ、ピープル・リーダーシップ、アントレプレナーシップ、パートナーシップの5つで評価される。

同社も含めて戦略系ファームには、アップ・オア・アウトというシステムがある。一定期間内に上位階層に昇格（アップ）できなければ、ファームを去らなければならない（アウト、つまり退職）というものである。転職先は外資系金融や事業会社のマネジメントが多数だが、留学目的で退職する人もいる。同社は退職者の再出発に対して支援も行うという。退職勧奨方式の解雇の場合、給料全額支給で仕事を探す猶予期間が与えられる。

インタビュイーの1人は同業界の人事システムの特徴を「常に清流のように水を綺麗にしておくこと」と例えた。採用時点から国内外の優秀な学生や経験者を選抜しても、平均在任期間3年で退職してしまう。高いパフォーマンスを継続的に上げ続けることのできる優秀人材だけが上位階層に昇進してパートナーにまで上りつめる。上位階層に行くほど選抜された人材、言い換えればファームにとって有益な人材、超Aクラスの人材しか残らないため、清流のように綺麗な状態になる。入社してパートナーになれるのは100人に1人の確率だという[35]。

同社ではディレクター以上の給与体系は世界共通であり、ローカル採用でスタートしても早い人で、8～10年でディレクターになれば世界共通の賃金体系に入っていく[36]。パートナーの報酬はグローバルの経営状況の影響を受ける。エンゲージメントマネジャー以上は営業目標を課されるが、それより下の職位は品質で厳しく評価されるが基本的に固定給・年俸制である。下位職は品質で評価し、上位職は受注貢献を評価する仕組みである。ここでの品質とは、提案書や報告書といった成果品質だけでなく、顧客とのコミュニケーションやプロジェクトマネジメントも含めた過程品質も含まれる。

(4) **黄金の人脈（マッキンゼー・マフィア）**

特にアメリカでは、同社が大企業にコンサルティングを行い、同社のコンサルタントが退職して、その企業の役員となり、活躍している例が多くみられる。フォーチュン500社のうち300社以上に副社長以上の地位にある同社OBがいるという[37]。海外ではIBM再生に貢献したルイス・ガースナー氏、アメリカン・

エクスプレスのハーベイ・ゴラブ氏などが知られている。日本ではクラシエホールディングスCEOの小森哲郎氏、日本ケロッグ社長の宮原伸生氏、ルイ・ヴィトン・ジャパンCEOの藤井清孝氏などが同社出身者である（いずれも既に退任している）。また起業した事例として、ディー・エヌ・エー創立者の南場智子氏、メディヴァ社長の大石佳能子氏、オイシックス社長の高島宏平氏などが知られている。転職や起業の形で、活躍する経営者を輩出することは、同社は優秀な頭脳集団であり、同社のコンサルティングは業績や企業価値向上に役に立つものであるとのイメージを向上させる。

転職先それも著名な大企業の重要なポストで活躍したり、起業して企業を大きくできれば、古巣である同社にコンサルティングを依頼するケースもある。またトップビジネススクールの教授として招かれるケースや、ホワイトハウスなど政治ブレーンに指名されるケースも少なくない。

世界のビジネスや政治、アカデミックの世界で活躍する同社の卒業生達はアルムナイ（Alumni）と呼ばれ、強力なOB・OGネットワークが築かれている。このネットワークは全世界で2万7,000人と言われる。この強力なネットワーク（人的つながり）は黄金の人脈とも、「マッキンゼー・マフィア」とも呼ばれる。同社は定期的なパーティを主催し、人脈づくりを支援している。

5-3-3 コーポレートブランドとアイデンティティ[38]

同社の世界中の全ての拠点は、ワンファームつまり1つの組織として運営されている（ワン・ファームポリシー）。1つのファームの一員として同じ価値観を共有し、顧客に同じ質の価値・サービスを提供するために、仕事のやり方や報酬基準、コンサルタントの服装や言葉遣い、オフィスのレイアウトや報告書、レターヘッドまで、価値観やルールなど全て統一して定められている。採用・昇格・給与水準等の人事面でも、日本支社固有の基準はなく、世界共通基準に即している。

同社には2つの使命がある。1つは顧客の成長（顧客が筋肉質で強い競争力を備えた企業となり、それが業績向上という目に見える成果を生みだし、さらには継続的な成長を具現化できるよう資すること）、もう1つは人材育成（優秀な人材を惹きつけ、その人材の持つ才能を最大限に引き出しながら、彼らを夢中にさせる

ファームであり続けること）である。

更に同社は4つの志をあげている。企業が経営について相談したいときに一番初めに声をかけられる存在であること、顧客に常にベストソリューションを提供すること、常に最優秀の人材を惹きつけうる環境を創造すること、パートナーシップにより中立かつ客観性を維持した組織であること、の4つである。

5-3-4 財務管理と資本参加

同社は1956年にパートナーシップ制[39]から株式会社組織へ移行している。株式会社化によって資金調達や利益の配分、退職年金引き当てなどが可能となった。同社は株式公開をしない方針であり、それは全ての顧客に対して中立な立場を保ち、客観性を維持するためである。

同社株式は現パートナーのみが保有している。同社は株主でもある世界のパートナーが構成するパートナーコミッティにより運営され、パートナー間のコンセンサスに基づいて方針が決められている。またパートナーが退職する時には、次のパートナーに株式を売却する[40]。

同社は少なくとも日本国内では積極的な事業拡大を志向しておらず、むしろ成長をコントロールしているように思われる[41]。日本国内で年間億単位のコンサルティング・フィーを支払える企業の数は限られており、そのマーケットで生き残れる戦略系コンサルティング・ファームの数、さらには生き残れるパートナーやコンサルタントの数も自ずと決まってくる。よってむやみにスタッフを増強して拡大路線に突き進むのは意味がなく、既存顧客に最高のベスト・ソリューションを提供し続けることが重要になってくる[42]。

5-3-5 新しい取り組み

同社に新しい動きが見られる。それは「マッキンゼー・ソリューションズ」サービスの提供である[43]。マッキンゼー・ソリューションズとはソフトウェアとテクノロジーを土台とした解析サービスとツール類である。具体的には様々な市場・業界データや分析情報を提供することで、顧客の経営判断を支援する独自ツールであり、パソコンやタブレット、スマートフォンなどの情報機器を介して利用できる。顧客との直接交流によってオーダーメイドでつくられるコ

ンサルティングサービスを提供してきた同社にとっては画期的な取り組みである。この新サービスを利用する顧客側のメリットとしては、同社サービスを購入していない期間でも同社の情報・知見を活用できる点、同社オフィスがない（もしくは遠い）エリアの顧客であっても活用できる点などをあげることができる。コンサルティングサービスは知識集約型産業ではあるものの、働き方としては労働集約型のため、コンサルタントが関われるプロジェクト数には限りがある。本サービスにより多くの顧客に知識サービスを提供できる。しかし標準化したツールを介したサービスは同社のこれまでのオーダーメイドなビジネスモデルとは一線を画している。

5-4 まとめ

　本章ではケーススタディ対象企業として、トップブランドのコンサルティングファームであるマッキンゼーを取り上げ、同社の知識創造を含めたコンサルティングプロセスおよびファームマネジメントについて、分析を行ってきた。本節では同社の知識創造メカニズムを中心としてまとめを行う。

(1) 同社の知識創造プロセス

　プロフェッショナルサービスの知識創造プロセスとは、ファームが、①経営手法（形式知）を創造し、それを、②顧客に導入・移転し、その導入・移転を通じて、③顧客側に情報やノウハウ（暗黙知）が生まれ、ファームがそれを、④知識資産として蓄積し、そこから新たな、①経営手法（形式知）を生み出すプロセスである。この知識創造プロセスに沿って、同社の知識創造プロセスをまとめると図5－3のように整理できる。

　同社の知識創造プロセスを要約する。まず創造された経営手法は書籍や論文集（マッキンゼー・クォータリー）の形で世間に訴求されたり、コア顧客のコンサルティングニーズ発掘のために情報提供される。その経営手法は分析フレームワーク等を活用してチームアプローチおよびファクトベースによって顧客に導入・移転される。同社の経営手法の導入・移転は「このやり方さえ導入すればコストダウンする」という標準的なパッケージ・プロセスを導入するのでは

図5-3 マッキンゼーの知識創造プロセス

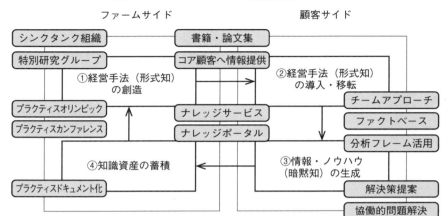

(出所) 筆者作成

なく、同社が開発した独自の分析手法を駆使して、顧客の問題解決に取り組むことであり、導き出されるベストソリューションは何らかの型があるわけではない。すべてオーダーメイドで知的生産しているのが特徴である。

そして徹底的な調査分析と解決策提案、顧客との協働的問題解決を通じて得られた知識（情報・ノウハウ）はプラクティス・ドキュメントとして体系化され、プラクティス・カンファレンスで共有化され、ファームに蓄積される。蓄積された知識はナレッジポータル（KNOW）やナレッジサービスを介して営業やコンサルティングの場で活用される。さらにプラクティス・オリンピックや特別研究グループで新たな知識・経営手法を生み出し、シンクタンク組織（MGI）でグローバルなマクロ経済調査を行い、書籍や論文集、コア顧客への情報提供の形で展開される。この繰り返しが同社の知識創造プロセスである。

また同社はグローバルベースで、ナレッジデベロップメントに年間400百万米ドル以上もの費用を投下している[44]。R&D企業の研究開発投資と同じような位置付けといえる。

同社の知識創造プロセスとして、次の3つの特徴を指摘できる。

第1は知識共有化・活用に制限がある点である。同社は（同社だけに限らないが）厳しい情報管理が故に、同僚であってもコンサルティング内容やアウト

プット（報告書）を共有してはならない。よってコンサルティングで得た知識をそのまま他に転用することは許されず、組織知として体系化・蓄積する場合も抽象化することが求められる。ゼロベースから思考したいという同社コンサルタントの基本的スタンスも知識共有化・活用の制限に影響を与えていると思われる。

第2は新たな知識創造活動を奨励・強化している点である。同社はプラクティス・オリンピック等を通じて新たな分析手法や経営コンセプト等の知識創造を競い、重点テーマを選定した特別研究チームの編成や、グローバルなマクロ経済調査を行うシンクタンク組織（MGI）の運営など、新たな知識を生み出す活動を強化している。

第3はKNOWポータルも含めたナレッジサービスは、コンサルタントがベスト・ソリューションを導くために、的確かつ効率的に情報を収集・加工する役割が中心となる点である。

コンサルティングから得られた知識を体系化・共有化する取り組みは見られるが、実際のコンサルティングでは情報や知識はベスト・ソリューション（Output）を導くための材料（Input）にすぎず、ベスト・ソリューションそのものはチームアプローチやファクトベースによってゼロから生み出している。そして新しい分析手法や経営コンセプト、経済調査結果など、新しい知識創造活動にも積極的に取り組んでいる。つまり同社にとって付加価値ある知識を生み出すのは、コンサルティングの現場でベスト・ソリューションを導き出すコンサルタント達であり、シンクタンク組織やプラクティス活動で新しい知識を創造するコンサルタントや研究員達である。同社の知識創造プロセスは、「人的な知識集約性」に大きく依存しているといえる。ここでの「人的な知識集約性」とはコンサルタントや研究員など各人の知識創造力のことであり、いかに「人的な知識集約性」のレベルを維持・向上できるかが同社の生命線になる。

(2) 「人的な知識集約性」のレベルを維持・向上するメカニズム

同社がこの「人的な知識集約性」のレベルを向上・維持する仕組みの前提となるのは前述の知識創造プロセスである。コンサルティングの現場では、各人の知識創造力はチームアプローチによって更に解決策をブラッシュアップさせ

る。またプラクティス活動（プラクティス・ドキュメント、プラクティス・カンファレンス、プラクティス・オリンピック）により各人の知識創造力は体系化され組織知として共有化される。さらに特別研究グループやシンクタンク組織で、各人の知識創造力が結集されて新たな知識が創造される。つまりチームアプローチやプラクティス活動、研究活動によって各人の知識創造力（人的な知識集約性）を結集させて、組織の知識創造力として生み出される仕組みである。

　では個々人の「人的な知識集約性」のレベルはどのように維持・向上させているのだろうか。ケーススタディを通じて、次の3つの取り組みを指摘できる。

　第1は常に外部から優秀な知を導入している点である。同社はトップビジネススクールのMBAホルダーや一流企業勤務経験者など優秀な人材の中から選抜して採用している。顧客はプロジェクトチームのコンサルタントの能力に不安を抱かずに済む。

　第2はアップ・オア・アウトシステムによって組織としての知識集約レベルを常に高めている点である。同システムによって残る人は継続的に高いパフォーマンスを上げる人であり、優秀な人材を絞り込むことで、知識集約レベルは高まっていく。

　第3はグローバルレベルの人事異動によって、優秀な知を伝播している点である。同社は上位層にいくほど国境を越えた複数拠点の経験が求められる。上位層はアップ・オア・アウトで生き残った優秀な知であり、異動先でチームアプローチや指導育成を通じて受け継がれていく。

　以上、同社のケーススタディを通じて、知識創造メカニズムを中心としてまとめを行ってきた。要約すると、チームアプローチやプラクティス活動、研究活動によって各人の知識創造力（人的な知識集約性）を結集させて、組織の知識創造力を生み出してきた。同社の知識創造プロセスは「人的な知識集約性」に大きく依存しており、その「人的な知識集約性」を維持・向上するために、優秀な知の導入、優秀な知の絞り込み、優秀な知の伝播の3つの取り組みを指摘できる。

　ケーススタディで導いた4つの検証への解の考察は、第7章にてまとめて行うことにする。

第 5 章　ケーススタディ（戦略系ファーム）　87

■注――――――――――――――――

1　同社の沿革は、Kipping（2002a）、Rasiel（1999=2001）、北村（2006）、O'Shea and Madigan（1997=1999）を参考にまとめている。
2　同社ホームページより。
3　インタビューより（2005年6月29日、2005年7月14日）。
4　インタビューより（2005年6月29日、2008年9月9日）。
5　『Venturelink』2007年8月号, p.8-11。
6　インタビューより（2005年7月14日）。
7　コンサルティング・ファームのパートナーとは、コンサルタントのキャリアパスとしては最上位であり、ファームの共同経営者である。マッキンゼーの呼称はプリンシパルだが、パートナーシップを担う上位職という意味で、本書ではパートナーと統一する。ファームによってはバイスプレジデントという呼び方もなされるが、役割は同じである。
8　インタビューより（2009年10月9日）
9　インタビューより（2005年6月29日、2005年7月14日）。
10　北村（2006），p.73、インタビューより（2005年6月29日、2008年12月12日）。
11　同社ホームページより。
12　インタビューより（2005年6月29日、2005年7月14日）。
13　北村（2006），pp.16-17、同社ホームページより。
14　3C、4P、SWOT分析、5フォース、バリューチェーンなどの分析フレームワーク。
15　インタビューより（2005年7月14日）。
16　インタビューより（2005年6月29日、2005年7月14日）。
17　インタビューより（2005年7月14日）。
18　インタビューより（2005年6月29日）。
19　「マッキンゼーの収入の85%はどんな年でも既存のクライアントから上がっている。」McDonald（2013），p.217。
20　インタビューより（2005年6月29日、2005年7月14日）。
21　インタビューより（2009年10月9日）。
22　同社の知識創造プロセスは、同社ホームページ、西井（2000）、西田（2004）、門永（2003）を参考にまとめている。
23　MGIについては、O'Shea and Madigan（1997=1999）、北村（2006）、Rasiel（1999=2001）、Kappel（1960=1962）を参考にまとめている。
24　同社のナレッジサービス組織については、西田（2004）、北村（2006）、西井（2000）を参考にまとめている。
25　「「フォーチュン300社」にOB幹部を擁してM＆A戦線でぶっちぎるマッキンゼー式「世界ワン・ファーム」」『DECIDE』2005年2月号, p.23。
26　インタビューより（2005年7月14日）。

27 インタビューより（2005年7月14日）。
28 北村（2006），p.183。
29 北村（2006），p.183。
30 インタビューより（2005年6月29日、2005年7月14日）。
31 同社の人材採用については、Rasiel（1999=2001）、北村（2006）、Kipping（1996）を参考にまとめている。
32 Careers in BuzinessResearch（AUG2009）、MBA Hiring of the Class of 2008.
33 Kipping（1999），p.213。
34 同社のキャリア制度は、北村（2006）、門永（2003）、O'Shea and Madigan（1997=1999）を参考にまとめている。
35 インタビューより（2005年7月14日）。
36 「『フォーチュン300社』にOB幹部を擁してM＆A戦線でぶっちぎるマッキンゼー式「世界ワン・ファーム」」『DECIDE』2005年2月号，p.22。
37 「『フォーチュン300社』にOB幹部を擁してM＆A戦線でぶっちぎるマッキンゼー式「世界ワン・ファーム」」『DECIDE』2005年2月号，p.26。
38 同社のマネジメントについては、同社ホームページを参考にまとめている。
39 コンサルタントの最高地位であるパートナーがファームの共同経営者となり経営責任を担う制度。
40 「『フォーチュン300社』にOB幹部を擁してM＆A戦線でぶっちぎるマッキンゼー式「世界ワン・ファーム」」『DECIDE』2005年2月号，p.24。
41 当時ディレクター門永氏「マッキンゼーには予算とか利益目標といったものは存在しません。～中略～なぜならプロフェッショナルは商業主義の奴隷になってはならないからです。」「マッキンゼー：プロフェッショナリズムの本質」『ダイヤモンドハーバードビジネスレビュー』2003年5月号，p.41。
42 インタビューより（2005年7月14日）。
43 クリステンセン，クレイトン，et al.（2014），p.18。
44 同社ホームページより。

第6章

ケーススタディ（IT系ファーム）

本章ではケーススタディ対象企業として、日本および世界においても最大規模の総合コンサルティングファームであるAccenture（アクセンチュア）を取り上げる。

6-1ではグローバル・グループおよび日本法人の企業概要を整理し、6-2ではBPOをはじめアウトソーシングサービスの概況について、6-3では同社の知識創造を含めたコンサルティングプロセスについて、6-4では同社のファームマネジメントを記述し、6-5にてまとめを行う。

6-1 企業概要

同社は戦略コンサルティング、デジタルコンサルティング、テクノロジーコンサルティング、アウトソーシングサービスを提供する、世界56ヶ国200都市以上に拠点を持つグローバル企業である。本節ではグローバル・グループの概要および日本法人の概要を整理する。

⑴ **アクセンチュア（グローバル・グループ）概要**[1]

同社の起源は1913年にアメリカ大手監査法人Arthur Andersen（アーサーアンダーセン、以下AA）であり[2]、1955年からメキシコを皮切りに、ブラジル、アルゼンチン、カナダ、ヨーロッパへと海外拠点を増やし、東京には1962年に進出している。

もともと監査法人は監査業務を通じて顧客のビジネスに助言しやすい立場にいたため、経営助言サービス（Management Advisory Service）と呼ばれるコンサルティングサービスを広げていった。監査法人のコンサルティング業務が成長した契機となったのはコンピュータを活用したコンサルティングである。AAは1947年にまだ黎明期にあった汎用コンピュータを企業会計に利用し、1953年にゼネラル・エレクトリック社の給与・資材管理システムを構築するなど、コンピュータをビジネスに世界で初めて導入したことが契機となって、コンピュータ技術のノウハウを確立して他社に差をつけていった。1960年代にはすでに売上の20％をコンサルティングビジネス（システム設計やシステム導入）が稼ぎ出していた。

　1972年に経営サービス部門が組織され、企業や機関、行政組織に対して、システム設計やシステム導入といった専門的サービスを提供する役割を担っていった。同社はコンピュータを活用して生産計画や部品の手配を合理的に行うシステム（Material Requirement Planning）を推進し、製造業向けの業務改革手法を開発することで、コンピュータを使った会計処理から、製造業の合理化・効率化という分野へ拡大していった。さらにコンピュータの発展を背景に、顧客の業界を拡大し、経理や人事、生産管理、販売管理という業務スキルも充実させていった。

　しかしコンサルティングサービスの急発展に伴い、会計監査部門との内部分裂が起こり、1989年に会計監査・税務サービスを行うアーサー・アンダーセン[3]と、コンサルティング業務を行うアーサーアンダーセン・コンサルティング（以下AC）とに分社化し、ACは2001年にアンダーセンブランドと決別して社名をAccenture（アクセンチュア）に変更している。

　1990年代までは会計業務などの各種業務をコンピュータシステム活用によって機械化するのが主流であったが、1990年代に統合基幹業務システム（ERP）[4]の登場やCRMやSCM[5]によって大規模なシステム開発が促進され、同社の売り上げも急成長していった（図6－1）。

　1989年の分離独立後、同社は経営戦略やチェンジマネジメントなどのコンサルティング領域とITを組み合わせたサービスを展開し、戦略コンサルティングサービスや後述するアウトソーシングサービスへとサービス領域を広げ、経

図6-1 アクセンチュア グローバル売上高推移

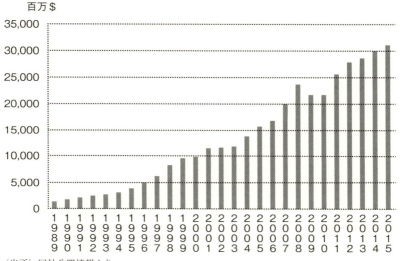

(出所)同社公開情報より

営戦略からシステム構築、運用まで一貫したサービスを提供している。

同社は世界中の大手企業および政府機関と取引があり、フォーチュン100社のうちの94社、同500社の80％以上の企業が同社の顧客である。また取引規模上位100社のうち97社が10年以上、100社が5年以上、同社との取引を継続している。2015年時点で同社は世界56ヶ国200都市以上に拠点持ち、グローバル売上は310億米ドル、約35万8,000人の従業員を抱えている(**表6-1**)。

(2) アクセンチュア株式会社(日本法人)概要[6]

アクセンチュアが日本(東京)に事務所を開設したのは1962年であり、当初は会計監査・税務サービスを実施していた。アメリカ本社より10年以上遅れたが1966年よりコンピュータ導入のコンサルティングを開始している。当初は会計監査部門の関係で外資系企業の案件が入ってくることが多かったが、トリオ(現ケンウッド)やオリエント・リース(現オリックス)、ヤマハ発動機の情報システムを手掛けるようになった。グローバルグループと同様にIT発展とともに成長を続け、現在では6,000名を超える陣容を持つ。会社概要および沿革は

表6-1 アクセンチュア（グローバル・グループ）企業概要

企業概要	
社名	Accenture
代表者	会長兼最高経営責任者：ピエール・ナンテルム
本社所在地	アイルランド（登記）
設立	1989年
拠点数	世界56ヶ国、200都市以上
従業員数	約35万8,000人
事業内容	戦略コンサルティング、デジタルコンサルティング、テクノロジーコンサルティング、アウトソーシングサービス
売上高	310億米ドル（2015年8月期）

（出所）同社公開情報より。

表6-2、表6-3の通りである。

(3) 事業内容

同社の事業内容は大きく5つに分かれており、戦略サービス、コンサルティングサービス、デジタルサービス、テクノロジーサービス、およびアウトソー

表6-2 アクセンチュア株式会社（日本法人）企業概要

社名	アクセンチュア株式会社
代表者	代表取締役社長　江川昌史
資本金	3億5,000万円
本社	東京都港区
設立	1995年12月（創業1989年）
拠点	東京（本社）、横浜・大阪・京都（オフィス）、北海道（デリバリーセンター）、福島（イノベーションセンター）、熊本（BPOセンター）
従業員数	約6,000名
事業内容	戦略コンサルティング、デジタルコンサルティング、テクノロジーコンサルティング、アウトソーシングサービス
売上高	非公開

（出所）同社公開情報より。

表6-3 アクセンチュア株式会社（日本法人）沿革

1953年	電子情報システムの開発と統合のサポートを行うコンサルティング業務をアメリカで開始
1961年	アジア太平洋地域へ業務を拡大
1962年	日本で業務を開始（税務・会計）
1989年	従来のビジネスであった税務・会計ビジネスからコンサルティング部門を分離独立。「経営と情報」のプロフェッショナルとして経営革新を推進する新会社（アクセンチュア株式会社の前身）を正式に設立。ビジネス・インテグレーションのコンセプトを確立
1989年	東京事務所を開設
1995年	日本において株式会社を設立
1996年	勝どきソリューション・デリバリー・センター設立
1997年	ビジネス・インテグレーション・メソドロジーを発表
2000年4月	アクセンチュアとマイクロソフトの共同出資によるマイクロソフト・プラットフォームに特化したテクノロジーコンサルティング＆デリバリーの会社アバナードを設立
2001年1月	アクセンチュアに社名変更
2001年6月	日本法人をアクセンチュア株式会社に社名統一
2001年7月	アクセンチュア（グローバルグループ）、ニューヨーク証券取引所に上場
2002年8月	アクセンチュア・テクノロジー・ソリューションズ株式会社を設立
2003年3月	アクセンチュア大連デリバリー・センターを開所
2005年7月	アバナード日本法人を設立
2006年11月	北海道札幌市にデリバリーセンターを開所
2008年3月	大阪府大阪市に大阪オフィスを開所
2008年4月	中堅SIer株式会社ソピアを買収
2008年11月	経営管理本部を横浜市みなとみらいに移転
2011年6月	京都府京都市に京都オフィスを開所
2011年8月	福島県会津若松市に福島イノベーションセンターを設立
2012年5月	アクセンチュア・テクノロジー・ソリューションズ株式会社および株式会社ソピアをアクセンチュアに統合
2014年10月	熊本県熊本市にアクセンチュア熊本BPOセンターを開所

（出所）同社公開情報より。
※網掛けはグローバルグループ

シングを含むオペレーションズサービスである（2016年1月時点）。

　戦略サービスでは、ビジネス戦略、テクノロジー戦略の融合をゴールとして掲げ、アクセンチュアが持つビジネス、テクノロジー、オペレーションズ、業務戦略における知見を統合して、顧客の変革を実現させる戦略立案、実行の支援をしている。コンサルティングサービスは、「通信・メディア・ハイテク」「金融サービス」「公共サービス・医療健康」「製造・流通」「素材・エネルギー」という5つの産業分野別サービス提供部門に属するプロフェッショナルで構成され、この5つの産業分野を細分化した19の産業領域にわたって、40以上の業界でサービスを提供している。各業界に深い知見と能力を兼ね備えた業界のエキスパートが、組織横断的に同社のベストの人材を結集させ、プロジェクト・チームを結成するほか、顧客との長期的な関係の構築・維持を担当し、経営コンサルティングおよびテクノロジー・コンサルティングのサービスを提案し、提供する責任も受け持っている。

　デジタルサービスでは、顧客のビジネスにおける、デジタルの最適な導入を支援している。大きく、アナリティクスサービス、インタラクティブ（デジタルマーケティング）サービス、モビリティ（モバイル活用）サービスを提供しており、同社が近年最も注力する分野の1つである。テクノロジーサービスでは、SAP、Oracle、Microsoft、Salesforce.comなど、さまざまな分野の世界有数のテクノロジー・プロバイダーとの幅広いパートナーシップを活用して、顧客に対して中立な立場から最適なテクノロジーの提案、導入、運用までを一貫して行っている。

　オペレーションズサービスでは、ビジネスプロセスアウトソーシング（BPO）、インフラストラクチャー、およびクラウドサービスを提供している。

　同社のアウトソーシングサービスは、テクノロジーサービスに含まれるアプリケーションのアウトソーシング（AO）、およびオペレーションズサービスに含まれるインフラストラクチャのアウトソーシング（IO）および業務のアウトソーシング（BPO）と大きく3つに分かれる。AOはアプリケーションの開発や保守管理を行い、IOはサーバの監視・運用、ハードウェア・ソフトウェアのリース・保守、ネットワーク運用、サービスデスクなどITインフラ運用サービスを行う。AOおよびIOはシステムインフラの運用保守・管理を行うことで、

顧客はシステム関連資産（サーバ、コンピュータ、ソフトウェア等）を抱えなくてすむためバランスシートの改善が望め、システム要員などの人件費を削減できるメリットがある。

一方、BPO（ビジネスプロセスアウトソーシング）とは、企業や官公庁などが持つ、総務・人事・経理・調達などの自組織内の一連の業務を外部の専門機関に委託し、業務の最適化と組織の機能強化を図るサービスである。

同社をケーススタディ企業として取り上げたのは、Maister（1993）が提示した効率型サービスを提供するファームであり（Kipping 2002a）、同社ビジネスの中でも、このBPO事業が特に標準化・工業化の取り組みが見受けられた。BPO事業以外の事業・サービスの中にはハードウェアやソフトウェアの販売（リースを含む）を伴っていたり、カスタムメイドなサービス（戦略コンサルティング、システム構築）を提供している。

BPOの対象は総務・経理・人事・調達などの間接業務が中心である一方で、近年のIoT（Internet of Things）に代表されるデジタル技術を積極的に業務プロセスや顧客接点機能に取り込むことで、競争優位の向上や差別化につなげている企業や組織が増加している。このような時流や市場ニーズを反映する形で、従来主流であった間接業務以外にも、デジタルマーケティングや分析業務といった、新たな領域におけるBPOサービスの拡大も特筆すべき点である。

BPOサービスは、国内外のデリバリーセンター（顧客から引き受けた業務の実施拠点）を最適に組み合わせた低コストオペレーションを前提としつつ、業務プロセス改革による対象業務の徹底的な集約化・標準化によって、継続的な業務改革を実現させるビジネスモデルである。業務のコストダウンという効率性を重視した解決策を提供する点、徹底的な集約化・標準化を行う点、オペレーション拠点で集中的に業務運営を行う点などから、標準化・工業化の取り組みがみられる。

よって本ケーススタディでは同社ビジネスの中でも、BPO事業を対象として記述を行う。先行研究レビューから導いた4つの検証課題の中で、（顧客との関係性を制限する）効率型PSFはどのように顧客と協調的関係を構築しているのか、そしてどのようにテーラーメイドな知識集約サービスと工業化の両立を可能にしているのか、ケーススタディを通じて特にこの2つの検証課題への

解を探っていく。

6-2　アウトソーシングサービスの概況[7]

　コンサルティングとは本質的に助言サービスであるが、提案（助言）をもって任務を完了するのではなく、顧客側がその提案を実行する期間もコンサルタントが関与するのが昨今の傾向である。顧客に対するトレーニングや動機づけ、代理交渉や、顧客組織内において社員と共同で特定業務を遂行するなど実質的な支援も行っている。その実質的な支援の１つがアウトソーシングサービスである。

　本ケーススタディで取り上げるBPOはアウトソーシングサービスの１つの形態であり、本節では同社がどのような経緯で会計・監査および会計システムからアウトソーシングサービスへ参入したのか、また同社のアウトソーシングサービスの現況を整理する。

　同社の出発点は会計監査であるが、会計業務へのコンピュータ導入、会計や原価計算などのパッケージソフト導入、ERPパッケージの導入へと広がり、より経営戦略に沿ったIT戦略を立案する必要性が高まり、グローバルでは1989年に、日本では1991年に戦略コンサルティング部門が立ち上げられた。案件の多くはオペレーション・ストラテジー、ロジスティックスの最適化やコストダウン、それを活用したSCMの構築などの戦略提案が中心であり、この領域を皮切りに、顧客周りのマーケティング領域、CRMの需要に火がつきはじめた。1993年になると、BPR（ビジネスプロセスリエンジニアリング）が注目され、企業の業務プロセスを見直す案件に数多く関わるようになった。

　戦略コンサルティング部門の設立の次に同社が本格参入したのがアウトソーシングサービスである。業務運営を社外に委託するアウトソーシングが国際的な市場で認知され始めたのは80年代後半から90年代前半である。イーストマン・コダックとIBM、EDSとゼロックスのアウトソーシング契約は規模や内容から注目された。コダックはIBMに対して情報システム全般を２億5,000万ドルで10年間アウトソーシングし、IBMに転籍したコダックのシステム部門の社員は2,000人に上った。

同社はITコンサルティングをコアビジネスとしていた1993年頃、このままコンサルティングファームとしての地位に留まるのか、そこから脱皮していくのか、という問題をグローバルレベルで議論した。既に90年初頭にシステムのアウトソーシングによって経理業務の効率化を行った実績などもあり、コンサルティングを核として顧客とパートナーシップを結ぶアウトソーシングビジネスに本格参入することになった。日本法人の本格的アウトソーシング事業のスタートは1996年の大手ビール会社の会計システムのアウトソーシングである。

　同社がアウトソーシングサービスに本格参入した背景には、長期的な収益見通しと収益安定化がある。コンサルティングサービスをはじめ、プロフェッショナルサービスにおける一般的な課金システムは、コンサルタント毎に課金すべき1時間当たりの金額が決まっており、コンサルタントが顧客のために費やす時間、コミットメントする時間をかけて決定される。つまりコンサルティングビジネスの成長は基本的に人の数に依存しており、多くのコンサルタントを投入する大型プロジェクトや大規模なシステム開発などを受託すればファームの売上は一気に増加する。しかしシステム開発の契約期間はおおよそ2年程度であり、プロジェクトが終了してしまえば次の大型案件がなければコンサルタントがだぶついてしまう。一方で、アウトソーシングの契約期間は、通常5〜7年の複数年契約で、中には10年を超える契約もあり、経営的に長期的な見通しも立てやすく、安定収益にもなる[8]。

　同社の大型アウトソーシング事例（グローバルベース）で公表されているものをいくつかあげる。同社はイギリス小売大手セインズベリーと共同出資会社を設立してシステムの改革・保守を請け負い、共同出資会社へ約800人の要員を移籍させた。また売上管理など数十億ドル規模の業務改革アウトソーシングをAT&Tと契約を交わしている。2009年4月にBMWグループと5年間のアプリケーション・アウトソーシング契約を締結し、製造・販売・物流・財務および人事分野のアプリケーションを運用するサービスプロバイダー網の統合支援を行うことを発表している。日本国内では同社インド拠点を活用した製薬会社の臨床データの処理・分析準備・保守に至る一連の業務のアウトソーシング、同社の大連の拠点を活用したシステムアウトソーシングなどの事例がある。ただし日本企業の場合、アウトソーシングとは人を削減してコストダウンしてい

表6-4 税引き前利益の事業構成比（%）―年度別推移（グローバル）

年　度	01	02	03	04	05	06	07	08	09	10	11	12	13	14	15
コンサルティング	82	76	68	63	61	59	60	60	58	57	59	56	54	52	52
アウトソーシング	18	24	32	37	39	41	40	40	42	43	41	44	46	48	48

（出所）同社公開情報より。
※ただしアウトソーシングにはシステムインテグレーションを含む。

るとみられてしまうため、顧客側の意向で公表しないケースも多い[9]。

　同社はグローバルベースでも日本国内においても、アウトソーシングサービスを強化・拡大していく方針である。実際、グローバルでのアウトソーシングサービスの税引き前利益構成は2001年度の18%から2015年度には48%にまで拡大しており、コンサルティングサービスとの利益構成がほぼ半々までになった（表6-4）。

　グローバルベースと比較すると、日本法人のアウトソーシングサービス構成は低かったものの、近年はグローバルベースに拮抗してきているという。今までアウトソーシングサービスの中でもBPO導入度合に関しては、欧米と比して遅れていた。その理由として、日本企業は経理・財務、人事などの間接業務（スタッフ部門）をグローバルベースで標準化することに慣れておらず、スタッフ部門は自前主義という考え方がベースにあり、またスタッフ部門を海外アウトソーシングすればスタッフ要員の削減になるため、日本企業は簡単に人員を削減できない体質があったからである[10]。しかし日本企業のBPO導入企業も増えており、またデジタルの活用と組織の成長が表裏一体となりつつある昨今の状況から、自社に足りないデジタルの機能を外部の専門機関から調達するという顧客ニーズや意向の変化も重なり、同社のBPOサービスは、全ビジネスの中でも最も成長率が高いサービスの1つにまで成長している。日本企業が抱える人手不足の課題をBPOやデジタルの力で解消していく意向である。

　以上、同社のアウトソーシングサービスの参入経緯および現況について整理してきた。次節以降ではアウトソーシングサービスの一形態であるBPO事業を中心に記述していく。

6-3 知識創造を含めたコンサルティングプロセス

本節ではBPO事業を中心に、同社の知識創造を含めたコンサルティングプロセスについてまとめる。同社の知識創造に関する取り組みは必ずしも事業単位だけで行われている訳ではないため、日本法人全体およびグローバル全体の取り組みを補足していく。同社公開情報および同社へのインタビュー、同社広報担当からの提供情報をもとにまとめている。

6-3-1 エントリー

エントリーとは顧客との最初の接触であり予備診断からプロポーザルを行って契約につなげることである。ここでは同社の組織体制及び営業体制についてまとめる。

同社は、顧客を5つのインダストリー（通信・メディア・ハイテク、製造・流通、素材・エネルギー、金融、医療・健康・公共）と、提供サービス（経営コンサルティング、テクノロジー・SI、アウトソーシング）に分類して、業界毎に精通したサービスを提供している。

顧客と相対するメンバーは業界知識も業界経験もあり、経営コンサルティングやシステムインテグレーション、アウトソーシングについて一通りの知識・理解のある社員が担っている。その営業担当者が担当顧客に対して、顧客の現在の問題点やニーズを把握し、顧客の付加価値向上や問題解決のために、どの提供サービスやソリューションが最適なのかを判断して、顧客に提案を行っている。営業担当者はアウトソーシングなど提供サービス機能に所属していないが、各提供サービス所属担当者がその営業担当者とやり取りをしながら、必要に応じて顧客提案に同行する形をとっている。

同社は顧客と長いリレーションを構築することを目標としている。そのため、最初は経営コンサルティングサービスから始めて顧客の現況や課題を把握し、その次にシステムインテグレーションを担当し、その先にアウトソーシングを提案するという流れが多い。

アウトソーシングは競合他社との価格競争に陥りやすいため、アウトソーシ

ングだけで提供するのではなく、グローバル化・デジタル化支援サービスや、コンサルティングやSIとトータルで付加価値を提供することを目標としている。競合他社とのコンペの際、いかにお客様の現況や課題を知っているかが決め手になるため、経営コンサルティングなど上流から入り込んでおく必要がある。一方で、近年ではBPO領域における同社のプレゼンスの高さや、日本企業におけるBPOに対する理解の浸透や、デジタルの新たな潮流も重なり、今まで取引のなかった企業や組織から、BPOの依頼が入ることも増加してきた。

6-3-2 診断・実施計画立案、導入

顧客が問題解決すべき問題を徹底的に診断し、最適な解決策を提言し、実施の助力を行うことである。BPOは業務プロセス改革による徹底的な業務集約化・標準化（診断・実施計画立案）と、グローバルデリバリーセンターでの低コストオペレーション（導入）である。ここではインタビュー内容を中心に、BPOの具体的なビジネスモデルについてまとめる。

(1) BPO対象業務とコストダウン効果

BPOの対象業務は、企業の事業活動のサポートプロセスである財務・経理、人事・総務領域が中心である。これらは間接部門、サポート部門やスタッフ部門とも呼ばれる。さらに事業活動のコアプロセスである商品開発、調達（購買）、製造、物流、営業／販売、コールセンターなどのカスタマーサポートから、デジタルマーケティングや分析業務までが対象となる。

同社は顧客のこれらの業務を引き受け、顧客社内既存部門に代わってサービス提供を行う。例えば経理・財務業務の場合、売掛金管理や買掛金管理、経費管理、決算処理、資産管理や経理システム管理まで引き受けることが可能であり、企業の経理・財務業務のうち50％-80％もの業務がアウトソーシング可能だとしている。コールセンターなどカスタマーサポート業務のうち80％-90％もの業務がアウトソーシング可能だとしている。

これらの業務を同社にアウトソーシングすることによって、どれだけのコストダウンが実現するのか。同社はこれまでの実績をもとに、領域によって異なるものの、おおよそ20％-50％のコストダウンが可能だとしている。同社

表6-5 BPOの対象サービス内容と創出効果

	サービス内容	創出効果
経理・財務	● 売掛金管理 ● 買掛金管理 ● 経費管理 ● 一般経理処理 ● 決算処理 ● 固定資産管理 ● プロジェクト会計 ● マスターデータ管理 ● 経理システム管理など	● ガバナンス強化 ● 業務可視性の向上 ● スピード向上 ● SOX・IFRSなど新制度への対応
人事	● 報酬／給与体系の定義 ● 評価基準の策定 ● 採用(新卒・中卒など) ● 人事異動・登用 ● 評価・昇格 ● 勤怠管理 ● 給与計算 ● 休復職・退職 ● 福利厚生サービス	● 社員の満足度向上 ● 社員の生産性向上 ● 離職率の低減
教育	● 全体研修体系の構築 ● 研修プログラム企画 ● コンテンツ開発・調達 ● 研修開催運営 ● 研修・受講管理	● 習熟度の向上 ● 戦力化リードタイムの短縮 ● 社員の満足度向上 ● 社員の生産性向上
調達	● 戦略立案 ● カテゴリーマネジメント ● ソーシング／オークション ● サプライヤー・契約管理 ● 見積依頼 ● 発注 ● 請求・支払処理 ● 運用レポート	● 調達効率の改善 ● 業務可視性の向上 ● ガバナンス強化 ● プロセスの標準化
顧客対応	● コールセンターファシリティの構築／運営 ● コールセンター業務 ● 顧客データ収集／分析	● 顧客満足度の向上 ● クロスセルの拡大 ● マーケティング効果の向上
デジタルマーケティング	● デジタル戦略立案 ● コンテンツ制作 ● キャンペーン管理・運営 ● マーケティングROI分析	● 最適なデジタルマーケティング手法の迅速な取り込み ● MROIの向上 ● 分析機能による高度な顧客理解

(出所) 同社資料より。

BPOの対象業務およびアウトソーシング可能範囲、そして創出効果についてまとめたものが表6－5である。

(2) 業務の集約化・標準化と低コストオペレーション

　BPOによってこれだけのコストダウンを実現するビジネスモデルのポイントは次の2つである。1つは業務プロセス改革（BPR）による徹底的な業務の集約化・標準化を実現することであり、もう1つはその集約化・標準化した業務を同社のグローバルデリバリーセンターを活用して低コストオペレーションを行うことである。

　業務プロセス改革はBPR（ビジネスプロセスリエンジニアリング）と呼ばれるコンサルティング手法で行われる。業務を徹底的に洗い出し、無駄な業務や非効率な業務プロセスを明確にし、業務内容や業務プロセスを大幅に見直すものであり、同社は1993年頃からBPRコンサルティングを行っている。長年のBPRコンサルティングや他のコンサルティングの経験で培ったノウハウやコンサルティング手法で、対象業務を集約化・標準化することで生産性の向上を図る。つまりBPOのスタートは業務プロセス改革というコンサルティングである。

　他社のコンサルティングだとここで任務終了になるケースも多い。業務の集約化・標準化の具体策や実行計画を提言した後の、実際の業務運営は顧客が行う。しかし同社BPOの場合、集約化・標準化された業務運営は同社のグローバルデリバリーセンターを主拠点としつつ、国内のデリバリーセンターや顧客拠点なども最適に組み合わせたサービス提供を行う。

　同社のグローバルデリバリーセンターとは、世界で50以上の拠点にある、顧客から引き受けた業務を実施する主要なオペレーション拠点である。このグローバルデリバリーセンターは24時間年中無休であり、世界で約23万7,000人のスタッフが従事している。同社のアウトソーシングサービスの成長に伴い、日々スタッフ数は増えているという。極端なことを言えば、言語さえ通用するのであれば、どの国のアウトソーシング業務でも、世界中のデリバリーセンターで受託することができる。ちなみに日本語対応が可能なデリバリーセンターは、日本国内では北海道と熊本に拠点があり、海外では中国の大連、成都、上海の3拠点、およびフィリピンであり、大連が中心となっている。

デリバリーセンターを活用することで現地の安価な労働力による低コストオペレーションが可能になることは勿論だが、前述のBPRと併せた徹底的な標準化と、継続的な改善施策を導入することが可能なノウハウが、同社の低コストオペレーションを支えている。勿論、様々な環境要因によって現地人件費の高騰リスクがあるため、常に人件費水準をモニタリングしている。

(3) ベストプラクティスの導入

　同社の強みは、長年のコンサルティング実績と多くの企業への導入事例から、業務毎に最適な業務手順（標準業務プロセス）、つまりベストプラクティスを持っていることである。同社は世界的な大企業と取引があるため、代表的企業の業務ノウハウを反映させることができる。たとえば売掛金管理であれば、最も効率的で生産性の高い売掛金管理業務プロセスを既に持っており、売掛金管理業務をアウトソーシングしたい顧客にはまずそのベストプラクティスの導入を提案する。世界中に拠点のあるグローバル企業であれば、これまで各拠点でバラバラのやり方をしていた売掛金管理業務を同社に委託し、そのベストプラクティスの導入によって、売掛金管理業務の標準化で生産性が向上するだけでなく、各拠点で行われていた売掛金管理業務を集約化することによるコストダウンも可能になる。

　特に経理や財務、人事に関する業務は業務プロセスがスタンダード化されており、業務標準化・集約化によって大きなコストダウンが期待できるという。同社オペレーションズ本部の田村氏はインタビュー（2009年11月10日）で「スタッフ部門の業務は属人的であり、それを我々は標準化している。ベストプラクティスを提供し、効率とスピードを追求している。特に経理・財務業務は付加価値がない業務であり、（企業にとって）ノンコア業務である。日本企業はそこがなかなか割り切れないが。」と答えている。ただし必ず標準業務プロセスを導入する訳ではなく、顧客の事情や要望に合わせてカスタマイズもしている。

　一方、ベストプラクティスの導入が難しい業務もある。教育業務や購買業務である。教育業務の場合、教育スキームの設計から教育コンテンツの作成、実際のラーニング、コーディネイトまで業務内容は幅広い。特に教育コンテンツで製品説明資料などは当然顧客毎に内容が異なるため、オリジナルで作成する

必要がある。ただしその教育コンテンツを使って営業研修を行い、結果的に顧客側の営業成績が上がれば、顧客の生産性向上に貢献したことになる。また購買業務も顧客毎に調達の仕組みもサプライヤーも異なるため、経理・財務業務のように標準業務プロセスを導入することは難しいが、サプライヤーと交渉して調達先の統廃合まで関わることで購買業務の効率化を支援することもある。これらを付加価値BPOと呼んでいるが、テーラーメイドでの問題解決を行っているため、経営コンサルティングサービスとの違いや切れ目が難しいという。

(4) BPOの一連の流れ

　BPOだけに限らず同社のアウトソーシングサービスは約4週間（2週間〜6週間）の効果診断から進める。この効果診断でアウトソーシング可能領域の識別および現状のコスト把握と削減余地の検討を行う。この効果診断をもとに早い時点で顧客候補企業に対しておおよその契約金額を提示して、アウトソーシングによって現状のベースラインから、どのくらいコストを削減できるかの試算を提示しつつ、業務全体がどの程度効率化できるか、業務品質を向上させることが可能かなどについて、定量的に効果を可視化している。

　社内業務をアウトソーシングすることで実際にきちんとオペレーションされるのか、本当にコストダウンが実現するのかという不安に対しては、実際に大連などのデリバリーセンターへの視察ツアーを実施することで払拭している。顧客がアウトソーシングするという意思決定をしてから、業務プロセス改革による業務標準化・集約化、そしてデリバリーセンターへの業務移行（トランジション）を行い、実際にデリバリーセンターで業務開始するまで通常約6ヶ月で対応している。

　契約方式はいくつかあり、固定フィー形式、固定フィーに仕事量に応じて加算する形式、購買業務のBPOの場合、コストダウン金額に応じた成功報酬形式という形式もある。また契約期間は5〜7年、長い場合は10年を超えるケースもある。契約期間終了後、アウトソーシングした業務を顧客側に戻すことは可能だが、そういうケースは非常にまれだという[11]。一旦、顧客業務のアウトソーシングを引き受ければ、半永久的に取引が継続する可能性が高い。

(5) BPOの期待成果

　顧客がBPOを行うことによる期待成果は、業務効率化によるコストダウンと生産性向上だけではない。バランスシート（システム資産）の改善効果も期待できる。さらに業務スピードの向上、そして業務の可視化による品質最適化という期待効果もある。

　またノンコア業務をアウトソーシングすることで、顧客側は自社社員をコア業務に集中配置することができる。さらに同社はアウトソーシング対象業務に従事している顧客社員を同社に出向させたり、同社社員として転籍の形で受け入れる場合もある。同社の高い業務スキルを習得し、人材育成プログラムを通してキャリアアップを図ることができる。

(6) ファクトリーモデル（デリバリーセンター）

　同社オペレーションズ本部の田村氏はインタビュー（2009年11月10日）で、実際のオペレーション業務を担うグローバルデリバリーセンターを「ファクトリーモデル」「工業化されたオペレーション」と呼んでいる。

　ファクトリーモデルといっても、世界50拠点以上にあるグローバルデリバリーセンターは生産ラインのある工場ではなく、コンピュータやネットワークを配した巨大なオフィスである。国内オフィスで行われていた経理・財務業務や人事業務などを海外デリバリーセンターで現地スタッフが請け負うのものであり、物理的には国内オフィスが中国などに移転したというようなものである。ただし各デリバリーセンターは世界中のいくつもの顧客の業務を請け負っているため、顧客に合わせてフロアやゾーンが区切られている。

(7) 現地スタッフは全て正社員

　同社のグローバルデリバリーセンターで働くスタッフはすべて正社員として雇用されている。ただし工場のように生産ラインや工場スタッフを予め準備してから受注情報にもとづいて生産を行うのではなく、アウトソーシング取引が決定してから、その委託業務内容に合う人材を採用するという、延期型の人材調達方法をとっている。取引意思決定から業務移管（トランジション）、オペレーション開始まで半年とすると、半年の間に必要な人材を募集・調達して教

育している。予めオペレーション要員を確保しておいて（アウトソーシング契約を増やして）稼働率を高めるのではない。現時点では常にBPOのオーダーが入ってくるので、要員を確保するというより、その都度、必要な人材を採用する流れになっている。ちなみに1人1社の業務しか担当させない。スキルレベルの高い人材は別として、通常は現地での人材採用に困ったことはないという。特に大連は市を挙げて日本を向いており日本語教育にも熱心であり、日本語のできる人材には困らない。現地人材の採用に関しては、トランジションメンバーも関わっており、面接に加わる場合もある。採用基準は単なる日本語能力だけではなく、専門知識や日本への理解の深さなど、多面的な視点から厳格に選考される。

　また現地正社員スタッフはアクセンチュアの一員としてマネジメントされている。同社には、コアバリューという、世界中のアクセンチュアで働くスタッフが共有すべき価値観がある。スチュワードシップ、顧客価値の創造、個人の尊重、ベスト・ピープル、ワン・グローバル・ネットワーク、インテグリティという6つの項目からなり、グローバルデリバリーセンターのスタッフも当然のことながらこのコアバリューを共有している（詳細は6-4-3にて説明）。

　正社員であるため、仕事ぶりや勤続期間によって昇給と昇格も行っており、昇給コストも見込んで契約金額を算出しているという。勿論、職種や地域によって給与水準は異なるが、教育研修やキャリアアップもきちんと行っており、グローバルで統一されたマネジメントが行われている。同社デリバリーセンターの定着率は同業他社（デリバリーセンター）と比較して高い。単なる給与面ではなく、トレーニングやキャリアアップによるモチベーション維持を重視している。

(8)　業務改善と独立採算制

　デリバリーセンターのスタッフは、「標準業務プロセス」に従って日々ルーティンに経理や人事、システム関連等の業務をこなすだけではなく、ミス発生率削減などの業務改善プロジェクトやシックスシグマプロジェクトも行って、現場サイドで常に業務改善活動に取り組んでいる。現地の上位スタッフやマネジメント層にとって業務改善もミッションである。その背景には同社は1つひ

とつのアウトソーシング取引（ディール）を独立採算制にして、費用・利益を可視化させている。そして当初計画よりコストダウン（つまり利益アップ）が実現すれば、インセンティブとして報酬にフィードバックする仕組みを導入している。現場の業務改善活動をモチベーションにつなげている。

6-3-3　終了・フォローアップ

終了とはコンサルティングの完了によるコンサルタントの引き揚げであり、必要に応じてフォローアップやリピート受注が行われる。

同社BPOは、業務プロセス改革による徹底的な業務集約化・標準化とグローバルデリバリーセンターでのオペレーションでコスト削減を実現するが、契約開始（業務移管）時点のコストダウン額（率）を維持するのではなく、その後も前述のように継続的な業務改善に取り組み、継続的なコストダウンを実現している。

また次項にて述べるが同社の知識創造プロセスを通じて、代表的な企業の業務ノウハウがそのままベストプラクティス（最適な業務手順）の改善につながるため[12]、さらなる生産性向上やコストダウンを実現できる。顧客との契約はアウトソーシング対象業務の現状コストをベースラインとして、年度毎に削減率を契約で担保する仕組みをとっている。つまり業務移管時がベストなコストダウンではなく、時間軸とともに常に更なるコストダウンを目指している。

そのためには同社が導入する標準業務プロセス、つまりベストプラクティスが常に改善・レベルアップする仕組みがなければならない。同社はどのように実務（現場）からベストプラクティスを生み出しているのだろうか。次項の知識創造プロセスにて整理を行う。

6-3-4　知識創造プロセス[13]

PSFの知識創造プロセスとは、ファームが経営手法（形式知）を創造し、それを顧客に導入・移転し、その導入・移転を通じて顧客側に情報やノウハウ（暗黙知）が生まれ、ファームがそれを知識資産として蓄積され、そこから新たな経営手法を生み出すプロセスである。

同社はナレッジマネジメントに優れた企業を称える「GMAKE（Global Most

Admired Knowledge Enterprise）で、2014年までに17回も入賞を果たしている。

(1) ナレッジの3階層とナレッジポータル

同社のナレッジマネジメントでは、個人が持つ知識を集約して組織全体での共有知的資産とすること、組織知を活用して作業の生産性・創造性・質・スピードを向上させることを目的としている。同社は企業活動におけるナレッジを、個人のナレッジ、プロジェクトのナレッジ、会社共通のナレッジの3階層に整理している（**表6-6**）。

同社は「アクセンチュアポータル」と呼ばれる、社内外および世界中からインターネット経由でログイン可能なポータルサイトを使って、知識を共有化している。同社は基本的に個々の社員に専用机を割り当てておらず、顧客先で業務を行うことが多いため、ポータルでの知識共有が必要となる。

その中でナレッジマネジメントに関するものがKnowledge Exchange（以下、KX）システムである。1990年代初頭に当時のCEOが巨費を投じて大規模なナレッジ・データベースの開発に着手し、それがKXの原型となっている。現在も多額の投資と共に常に改良を重ねて進化している。社員1人ひとりのノウハウは全社員の知的資産であるという考え方に基づき、世界中のコンサルタント

表6-6　企業活動におけるナレッジの3階層

知	個人のナレッジ	PJのナレッジ	会社共通のナレッジ
内容	コンサルタント個人が持つ有形・無形の知識や知恵	各プロジェクトの中で発生する知識や知恵	グローバルで共通の知識や知恵。PJのナレッジを標準化する文書として体系化されている
例	・アイディア、ひらめき ・経験 ・意見、アドバイス ・人脈 ・知識	・プロポーザル（提案書） ・マニュアル ・PJに関する成果報告 ・顧客に関する情報 ・セミナーとその資料	・ビジネスインテグレーションメソドロジー ・ノウハウ・情報提供に関するテンプレート ・実績一覧 ・標準開発ツール ・ソフトウェアパッケージ ・業界ニュース ・トレーニングプログラム

（出所）同社資料より。

はこのKXを介して国境を越えて結びついている。

　KXは、検索用データベース（膨大な数のナレッジ・データベースをナビゲートするイエローページ）、ライブラリー・データベース（業界やサービス別の最新事例や過去プロジェクト成果物）、ノウハウ・データベース（同社の標準的方法論やコンセプトが蓄積）、ディスカッション・データベース（意見交換の場としての電子フォーラムなど）、総務系データベース、決済・管理用データベースなどで構成されており、世界各国で展開する過去、現在のプロジェクトに関する膨大な情報のデータベースが存在する。

　KXには顧客ワークに必要なあらゆる情報がアップされ、様々なノウハウや分析、様々な重要情報が統一フォーマットに落とし込まれ、閲覧・検索できるようにデータベース化されている。KXは、個人が持つ知識（個人知）を集約して組織全体での共有知識資産とし（組織知）、組織の知識を活用することで、作業の生産性・創造性・質・そしてスピードを向上させることを目的としている。

(2)　ナレッジの活用

　社員はKXを介して業界やテクノロジーに関するナレッジを共有し、業種やサービス分野別に、コンサルティングのベスト・プラクティス、方法論が国境を越えて整理、更新されており業務で即座に活用できる。

　社員はKXにアクセスし、今直面している顧客の要望に対して、どのようなソリューションを提案するのがベストか判断する際にも、世界中の何百、何千という似たような事例を参考にすることができる。例えばある企業のシェアード・サービス・センターを設計するプロジェクトに参画した場合、KXで「シェアード・サービス・センター」というキーワードで検索すると、センターを構築する際のベストプラクティス（成功事例）やノウハウ等を次々と拾え、熟知していなかった設計の仕方を短時間で習得できる。

(3)　ナレッジの形成と管理

　同社はKXの構築と並行して、知識資産を活用するためのルール作り、マネジメント部隊の整備も行っていった。全世界で専任ナレッジマネジメントス

タッフが、厖大な数の文書管理データベースを用意し、業務上作成した文書の中で価値のあるものの多くを一定のルールに従って分類・登録することを行っている。情報の登録方法や利用手順をルール化して、プロジェクトを通じて生成されたナレッジの登録を促進している。プロジェクト責任者はKXへの情報登録を怠るとペナルティを科されるという規定もあり、マネジメントレベルで組織知化の取り組みが行われている。

専任ナレッジマネジメントスタッフは新しいナレッジをタイムリーにデータベース登録し、分散している情報を一元的にまとめる一方で、不要なナレッジをデータベースから削除するなどして常に付加価値の高い情報のみを蓄積し、情報の鮮度を保っている。中国・インドなどオフショア地域でもKX運用担当者がおり、それぞれの担当地域の運用にあたっている。海外拠点のプロジェクト案件で発生した様々なノウハウ、情報、ナレッジを取捨整理し、日本語に翻訳もしている。

(4) 技術研究所での研究開発

同社は世界5か所、アメリカ（シリコンバレー、アーリントン）、フランス（ソフィア・アンティポリス）、インド（バンガロール）および中国（北京）にAccenture Technology Labsと呼ばれる技術研究所を持ち、総勢で200名を超える研究員がいる。そこでは、近い将来に顧客にとって競争優位となり得る技術の先進的研究を行い、ビジネスへの応用を目指している。

6-4 ファームマネジメント

本節では知識創造プロセスを含めたコンサルティングプロセス以外のファームマネジメントの取り組みとして、①マーケティング、②人材マネジメント、③コーポレートブランドとアイデンティティ、④財務管理と資本政策の4項目を整理する。

6-4-1 マーケティング

エントリー（6-3-1）の項で言及したように、同社の営業担当者は5つ

に分類されたインダストリーに所属している。顧客接点はこの営業担当者であり、担当顧客の現在の問題点やニーズを把握し、顧客の付加価値向上や問題解決のために、どの提供サービスやソリューションが最適なのかを判断して、各提供サービス（所属担当者）とやり取りをしながら、顧客に提案を行っている。つまり営業担当者がコントロールタワーとなり顧客とのリレーションを行っている。

　同社は積極的に社会貢献・文化活動、スポンサーシップ活動に取り組み、社会的価値の創造や知名度・ブランドの向上に取り組んでいる。社会貢献・文化活動では、NPO向けに非営利でのコンサルティングサービスの提供や、エネルギー・資源の効率的利用を目指す事業活動の見直し、環境対策や環境関連ビジネスの立ち上げなどに取り組んでいる。また、2011年8月からは、福島県会津若松市に「福島イノベーションセンター」を設立し、複数名のコンサルタントが常駐して、地域の産業振興や雇用創出をはじめとする被災地域の復興支援活動を続けている。

6-4-2　人材マネジメント

　同社の人材育成の機能は、スキルを持った優秀な人材の確保、質の高い人材が継続的に成果と生産性を向上させる、優れた人材を長くキープする、優秀な人材が社の戦略を実現し社の価値を創造する、という4つの機能がある。
顧客の多くがグローバル展開しているため、プロジェクト毎に最適な技術・スキルを持った優秀な人材を世界中から集めてベストチームを作る。この顧客ニーズに迅速対応するために全世界からリソース（人材資源）を求めていくという考えを「グローバルソーシング」と呼び、人材戦略の根幹をなしている。

　世界レベルで仕事をする社員の成長を支えるために、2014年実績ベースで、人材開発・トレーニングに対して約944億円を投資している。また、3万コース以上のトレーニングプログラムを有し、社員1人当たりの年間平均トレーニング受講時間は52時間にも及んでいる（2013年度）。また、「キャリアズ・マーケットプレイス」という、社員が世界中のアクセンチュアの空きポジションを自由に検索し、応募できるシステムを使って、興味のある部門の社員にコンタクトしたり、自分の経験やスキルが希望するポジションにマッチするかなどを

簡単に確認し、応募できるシステムがあり、世界レベルで適材適所を実現できる素地が整っている。

また同社のキャリアパスは、社員の専門性やキャリアプランに合わせて10以上のレベルに分類されている。一般的な企業と比較して与えられる権限・役割の大きさや、スピードの速い昇進が強力なインセンティブとなっている。

6-4-3 コーポレートブランドとアイデンティティ

グローバルにビジネスを提供する同社は均質かつ良質なサービス提供のために、同一の価値観を共有する「ワンファーム」コンセプトを展開している。

同社には、コアバリューという、世界中のアクセンチュアで働くスタッフが共有する、日々の行動指針となる価値観がある。スチュワードシップ、クライアント価値の創造、個人の尊重、ベスト・ピープル、ワン・グローバル・ネッ

表6-7　6項目のコアバリュー

スチュワードシップ Stewardship	1人ひとりがオーナーとしての意識をもって行動し、次世代に継承する財産を築く。社内外にわたり人材を育成するとともに、社内外の全ての利害関係者との約束を果たす。
クライアント価値の創造 Client Value Creation	卓越した業務を実行することにフォーカスし、長期的なWin-Winの関係を築きながら、クライアントのビジネス・パフォーマンスを向上させる。
個人の尊重 Respect for the Individual	異なるバックグラウンドや考え方を尊重しあう魅力的な環境を保ちながら、人々の多様性を活かす。自分自身がそうして欲しいと思うように、自分以外の人間に接していく。
ベスト・ピープル Best People	私たちのビジネスにとって最高の人材を惹きつけ、育成する。より高いレベルの仕事に挑ませる。"Can Do"という姿勢を育てる。
ワン・グローバル・ネットワーク One Global Network	世界中のどのクライアントに対しても一貫した最高のサービスを提供できるように、効果的なチーム体制を築く。
インテグリティ Integrity	責任を確実に果たし、倫理規範に基づいて行動し、正直でオープンな議論を促すことによって、信頼を築き上げる。

(出所) 同社資料より。

トワーク、インテグリティという6つの項目からなり（**表6-7**）、日本法人は勿論、グローバルデリバリーセンターのスタッフもこのコアバリューを共有している。コアバリューを徹底的に浸透・腹落ちさせるために、カードの配布やスクリーンセーバー、オフィスデザインへの反映、ポスターなどあらゆる所で見える化するだけでなく、コアバリューを体現したチームや個人の表彰を行っている[14]。

6-4-4　財務管理と資本政策

　これまでコンサルティング業界は株主の影響を受けて、客観的なコンサルティングができないという理由から株式公開は避けられてきたが、同社（グローバル・グループ）は2001年7月にニューヨーク株式市場に上場している。資本増強により自らリスクをとってコンサルティング活動を展開するようになり、課題解決の提言から更に進んで、実際にビジネス活動を行うようになっている。このことにより顧客との共同出資によるジョイントベンチャー設立などが可能になった。

6-5　まとめ

　本章ではケーススタディ対象企業として、日本および世界において最大規模のコンサルティングファームであるアクセンチュアを取り上げ、同社の知識創造を含めたコンサルティングプロセスおよびファームマネジメントについて、分析を行ってきた。本節では同社の知識創造メカニズムを中心としてまとめを行う。

(1)　同社の知識創造プロセス

　プロフェッショナルサービスの知識創造プロセスとは、ファームが、①経営手法（形式知）を創造し、それを、②顧客に導入・移転し、その導入・移転を通じて、③顧客側に情報やノウハウ（暗黙知）が生まれ、ファームがそれを④知識資産として蓄積し、そこから新たな、①経営手法（形式知）を生み出すプロセスである。この知識創造プロセスに沿って、同社の知識創造プロセスをま

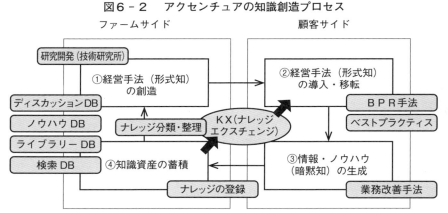

図6-2　アクセンチュアの知識創造プロセス

(出所) 筆者作成

とめると図6-2のように整理できる。

　同社の知識創造プロセスを要約する。同社の知識創造プロセスの中心的役割を担うのがナレッジエクスチェンジ（KX）である。KXには顧客ワークに必要な様々な情報・ノウハウがアップされ、社員は閲覧・検索することができる（検索DB・ライブラリーDB・ノウハウDB・ディスカッションDB等）。

　本章で取り上げたBPO事業では、まずKXにも登録されているBPR手法およびベストプラクティス（標準業務プロセス）の導入によって、業務の集約化・標準化が図られる。そしてオペレーションを担うデリバリーセンターでのシックスシグマや業務改善プロジェクトによって業務改善ノウハウが生み出される。業務で作成した文書（提案書や報告書、マニュアルなど）および業務で得られた知識はすべてKXに登録され、専任ナレッジスタッフが登録された知識を閲覧・検索しやすく分類・整理を行う。そしてKXに蓄積された知識をまた顧客ワークで活用する。この繰り返しが同社の知識創造プロセスである。

　同社には研究開発を行う技術研究所が存在するが、顧客ワークから離れての先進的な技術研究を行う機関であり、この知識創造プロセスからは離れた位置にある。

　同社の知識創造プロセスとして、次の2つの特徴を指摘できる。

　第1は個人と知識を分離し、業務を通じて得られた知識はすべて組織知とし

てデータベース化する点である。属人的な知識の保有は認められず（社員1人ひとりのノウハウは全社員の知的資産）、顧客ワークを通じて得られた知識は登録し、他の社員が活用できるものにしなければならない。

　第2は顧客へのベスト・ソリューションを導く場合でも、DBに蓄積された過去事例を活用する点である。コンサルティングのベストプラクティスや過去事例も参考・活用できる。

　個人知を組織知としてデータベース化することで、誰もがDBの中の知識をツールとして活用することができる。ツールとして知識を活用（再利用）することで、業務の生産性やスピードを上げることができる。つまり同社の知識創造プロセスは、知識をツール化する仕組み（ツールとしての知識集約性）だといえる。

(2)　「ツールとしての知識集約性」を確立するメカニズム

　ツールとしての知識集約性を確立するには、ツールとしての知識を蓄積する場（ポータル）とその運用・改善がキーになってくる。同社は1990年代初頭から継続してKXの開発・改善に大規模な投資を継続してきた。また全世界で専任ナレッジスタッフが勤務しており、登録されたナレッジを組織知として再利用しやすく分類・整理を行っている。

　同社は顧客先で業務を行うことが多く、またデリバリーセンターも世界各国に存在しておりFace to Faceでの知識共有化は難しいが、KXを介してツール化された知識を参考・活用することで、ワールドワイドに効率的な知識共有化が図られている。

　以上、同社のケーススタディを通じて、日本および世界で最大規模ファームの知識創造メカニズムを中心としてまとめを行ってきた。要約すると、同社はナレッジポータルであるナレッジエクスチェンジ（KX）が中心的な役割を担い、KXに蓄積された方法論やベストプラクティスを顧客ワークに再活用し、顧客ワークを通じて得られた知識は組織知として登録し、ナレッジスタッフがより再活用しやすくしている。

　様々なベストプラクティスがKXつまりポータルの中に蓄積しているが、同

社は以前より方法論の標準化に取り組み、バインダーつまり紙媒体で蓄積してきた。数多くのコンピュータ・システムに関する経験と知識は、極めて精緻に体系化され標準化された情報システム構築マニュアル・体系的な方法論「METHOD/1」としてまとめられ改善されてきた。これは詳細な手順書であり、文書化事例や職務権限の明確化、作業見積もりのガイドライン、柔軟性、品質チェック・プログラム、プロジェクト管理のガイドライン、互換性まで、細かな指示が記載されている。この体系的方法論を社員が習得しているので、どこの事務所でも均質なサービスの提供が可能になる。「METHOD/1」の原型（システム化の方法論をまとめたバインダー）は1956年に出されており、同社がかなり以前からナレッジ共有化に取り組んでいたことが伺える[15]。

ケーススタディで導いた4つの検証課題への解については、次章にて考察する。

■注
1 グローバルでの同社の発展経緯は、同社公開情報、Arthur Andersen（1972）、廣川（2005）、清水（2005）などを参考にまとめている。
2 1913年に米国シカゴに事務所が開設されたのが始まりで、Andersen, DeLany & Coとして創業され、1918年にArthur Andersen（アーサーアンダーセン）と改名している。
3 なお、アーサーアンダーセンは2001年のエンロン事件によって2002年に解散している。
4 ERPの正式名称は「Enterprise Resource Planning」であり、企業全体を経営資源の有効活用の観点から統合的に管理し、経営の効率化を図るための手法・概念のことである。これを実現するための統合型（業務横断型）ソフトウェアを「ERPパッケージ」と呼ぶ。
5 CRMの正式名称は「Customer Relationship Management」であり、情報システムを活用して企業が顧客と長期的な関係を築く手法のことである。またSCMの正式名称は「Supply Chain Management」であり、取引先との間の受発注、資材の調達から在庫管理、製品の配送まで、いわば事業活動の川上から川下までをコンピュータを使って総合的に管理する手法のことである。
6 日本での同社の発展経緯は、同社公開情報、岩淵（1991）などを参考にまとめている。
7 同社のアウトソーシングサービスの概況は、同社公開情報、中島（2002）などを参考にまとめている。
8 インタビューより（2009年11月10日）。
9 インタビューより（2009年11月10日）。

10 インタビューより(2009年11月10日)。
11 ただし教育、購買、マーケティング、データ分析など付加価値業務に関しては、同社の業務改革により生産性を高めてから、顧客側に戻すというケースはある。
12 廣川(2005), p.24。
13 同社の知識創造プロセスは、同社公開情報、中島(2002)、河﨑(2003)などを参考にまとめている。
14 「世界共通の人事制度が国を超えて人材を集め高パフォーマンスを生む」『人材教育』2009年3月号, p.36。
15 同社の過去の方法論標準化については、岩淵(1991), pp.76-79に詳しい。

第7章

考　察

　本書のテーマは、「知識」を核としたビジネスのマネジメントであり、特に第2章で整理した4つの検証課題を明らかにするために、マッキンゼーとアクセンチュアのケーススタディを行ってきた。

　本章ではケーススタディ結果をもとに考察を行う。まず両社の知識創造メカニズムの違いを再整理するとともに、先行研究で導いた4つの検証課題に対する考察を行い、正当性を高めるマネジメントおよび、依存を高めるマネジメントの存在を明らかにし、最後にファームパワーの確立が前提となることを指摘する。

7－1　知識創造メカニズムの違い

　プロフェッショナルサービスの知識創造プロセスとは、ファームが、①経営手法（形式知）を創造し、それを、②顧客に導入・移転し、その導入・移転を通じて、③顧客側に情報やノウハウ（暗黙知）が生まれ、ファームがそれを④知識資産として蓄積し、そこから新たな、①の経営手法（形式知）を生み出すプロセスである。プロフェッショナルサービスは知識移転者という役割だけでなく知識創造者としての役割も果たしている。

　ケーススタディを通じて、両社の知識創造メカニズムの違いが明らかになった。まず戦略系ファームであるマッキンゼーは、チームアプローチやプラクティス活動、研究活動によって各人の知識創造力を結集させて、組織の知識創

造を生み出してきた。同社の知識創造プロセスは「人的な知識集約性」に大きく依存している。その「人的な知識集約性」を維持・向上する仕組みとして、優秀な知の導入（トップビジネススクールや一流企業勤務経験者の採用）、優秀な知の絞り込み（アップ・オア・アウト）、優秀な知の伝播（グローバルな人事異動、プラクティス・カンファレンス等）の3つを整理した。

一方、IT系ファームであるアクセンチュアは、ナレッジポータルであるナレッジエクスチェンジ（KX）が中心的な役割を担い、KXに蓄積された方法論やベストプラクティスを顧客ワークに活用（再利用）し、業務で作成した文書や顧客ワークで得られた知識はすべて組織知としてKXに登録される。専任ナレッジスタッフが登録された知識をより再利用しやすく分類・整理を行う。社員はKXの知識をツールとして活用でき、同社は知識をツール化する仕組み（ツール的知識集約性）が確立している。KXの運用・改善に大規模な投資を継続し、全世界で数百名の専任ナレッジスタッフを配置している。

両社の知識創造メカニズムの大きな相違点は、マッキンゼーは「人的な知識集約性」を重視している一方、アクセンチュアは「ツール的な知識集約性」を重視している点である。

マッキンゼーは個人と知識を完全には分離できないものととらえ、チームアプローチやプラクティス活動などFace to Faceの取り組みを通じて、個人の知識創造力を結集させて、組織としての知識を生み出している。そして外部から常に優秀な人材を採用し、アップ・オア・アウトによって更に優秀人材を絞り込んでいる。その仕組みが「最高の頭脳集団」と外部に印象付けることになる。また他のコンサルティングプロジェクトで得られた知識の活用は限定的であるため、常にゼロベースで問題解決に挑む。そのスタンスも顧客に対して「自社だけの完全カスタマイズされた問題解決」と印象付けることになる。

アクセンチュアは個人と知識とを分離し、知識はツール化できるものととらえ、知識はすべてポータルに登録され、顧客ワークで再利用される。様々なコンサルティング手法やベストプラクティスが全世界どこにいてもポータルから検索でき活用できる。つまり組織知はポータルの中に蓄積されている。このことにより全世界で均一のサービスを提供し続けることが可能になり、業務の生産性やスピードを高めることができる。同社の継続的なスピード成長のカギは

この「ツール的な知識集約性」にあると考えられる。

知識創造メカニズムの特徴は、Maister（1993）が提示した異なるファームタイプと大きく関連している。マッキンゼーの知識創造メカニズム（人的な知識集約性）は頭脳型サービス、つまり頭脳集団としての印象を高める。アクセンチュアの知識創造メカニズム（ツール的な知識集約性）は効率型サービスとして、業務の生産性やスピードを高め継続的なスピード成長を実現している。

次節以降では、知識を核としたビジネスのマネジメントを明らかにするために、先行研究から導いた4つの検証課題に対する考察を行う。4つの検証課題を再掲すると、知識財ジレンマの克服、PSFの正当性メカニズム、顧客との協調的関係の構築、テーラーメイドな知識集約サービスと工業化の両立である。

7-2 知識財ジレンマの克服

本節より先行研究から導いた4つの検証課題に対する考察を行うが、本節では、PSFが提供するサービスが買手の能力の影響を受け、買手にとって事前評価が困難という第1の検証課題「知識財ジレンマ」をどのように克服しているのか、について考察する。

プロフェッショナルサービスは知識移転者という役割だけでなく知識創造者としての役割を果たし、ファームと顧客との両方で知識循環するという特徴を持つ。よって提供サービスが買手の能力（買手の企業規模や生産能力、企業内の応用可能性、買手の知的能力レベル）の影響を受ける（Kubr 2002=2004, 村上 1994b）。また知識財は買手が事前に評価することが難しいという性質もある（Arrow 1962）。マッキンゼーとアクセンチュアはこの知識財ジレンマをいかに克服しているのか。

まず提供サービスが買手の能力の影響を受けるという知識財ジレンマについて考察する。マッキンゼーの場合、コンサルティングサービスのターゲットは「買手の能力が高い」顧客のみである。同社がターゲットとしているのは上場企業クラスでも年商1,000億円以上の大企業であり、社内に優秀な人材は揃っており、MBAホルダーや外部からスカウトした人材など知的能力レベルは高い。また各事業部門や子会社、関連会社など、導入・移転された知識を応用す

る可能性・範囲も広い。同社はコア顧客を設定し、定期的な顧客研究とニーズ発掘によりリピート受注を重視している。コア顧客の「買手の能力」は熟知している。

　またマッキンゼーのような戦略系ファームは、知識の導入・移転だけでなく、協働的問題解決や政治的機能を期待されることが多い。いくら社内に優秀な人材がそろっていても、その業界に埋没している社員だけでは、過去の成功体験や業界の慣習にとらわれてしまい、新規性のある独自な発想がなかなか出てこない。また大企業の場合、社内の派閥や上下関係もあって自由闊達に意見することも難しい。さらに"既に答えが分かっている"ことを第三者として社内関係者に説得・説明してくれる、つまりお墨付き効果を求める場合もある。ファームに対する顧客の期待が、知識の導入・移転よりも協働的問題解決や政治的機能のウェイトが大きければ、既に買手の期待成果が決まっており、買手の能力の影響を受けるという知識財の影響を受けづらい。

　つまり同社はもともと「買手の能力が高い」顧客のみを対象としており、買手の能力を受けづらい。また顧客の期待価値が知識の導入・移転以外の機能であれば、買手の期待成果も始めから決まっているため、買手の能力を受けづらい。

　アクセンチュアの場合、オペレーションそのものを自社で引き受けることで、買手の能力の影響を受けないビジネスモデルを確立している。同社BPOは業務改革コンサルティングにより業務の集約化・標準化による生産性向上を図るが、多くの他社のコンサルティングはここでサービスを終了するため、実際に業務改革が浸透しなかったり、コンサルティングどおりの成果が得られなかったりする。コンサルティングプロジェクトの報告書が机の中に仕舞われたまま、日の目が見ないケースもある。つまり買手の能力の影響を受けてしまう。しかし同社BPOは業務改革コンサルティングによる業務の集約化・標準化の後、その業務運営そのものを引き受ける。業務は自社の経営資源を使って行うため、買手の能力の影響を受けづらいのである。

　次に知識財は買手が事前に評価することが難しいという知識財ジレンマについて考察する。マッキンゼーの場合、既に顧客側は同社の知識財のレベルの高さを認識している。たとえ同社にコンサルティングを発注したことがなくとも、

知識レベルが高いと認識している。事前に高い評価を下しており、そのメカニズムは次節の正当性を高めるマネジメントで詳しく考察する。

アクセンチュアの場合、BPO事業の場合、アウトソーシング対象業務内容によってコストダウン可能率が決まっており、初期診断によってコストダウン効果を顧客側に提示している。つまり早い段階で可視化している。

以上のような仕組みで、2社は知識財のジレンマを克服している。次節では購入以前の段階でマッキンゼーの知識財のレベルが高いと認識されているメカニズムについて、正当性を高めるマネジメントとして考察する。

7-3 正当性を高めるマネジメント

第2の検証課題は、PSFはどのように正当性ある知識提供者として認められるのかである。顧客は情報・ノウハウの提供・移転による問題解決だけでなく、"お墨付き効果"も期待している。そのためにはPSFの名声、知名度・ブランドが必要である（Khurana 2002, Kipping and Engwall 2002）。

前節ではマッキンゼーは知識の移転・導入以外の提供価値、協働的問題解決や政治的機能が求められていると言及した。その中には「マッキンゼーの分析結果だから間違いない」といった"お墨付き効果"もある。知識財には買手が事前に評価することが難しいという性質があるが、マッキンゼーの場合、買手が購入する以前に高く評価されている。ではマッキンゼーはどのように"お墨付き効果"のあるファームの地位を確立しているのだろうか。

同社は、第2のWave（1950～1980年）の時期から既に名声の点で他ファームを追い越しており、現在までその名声を維持している。現在の同社の基礎を築いたのはマービン・バウワー（Marvin Bower, 1903-2003）であり、"Fact-based（事実に立脚する）"、"Analytical approach（分析的アプローチ）"という概念、および科学的および論理的な問題解決の方法論を明確な形で確立し、PSFの行動規範・組織運営の理念をワン・ファームとして定め、同社の成長に寄与した。同社の正当性を高めるマネジメントはマービン時代の取り組みと合わせて考察する必要がある。

同社の正当性を高めるマネジメントの実現は、(1)標的顧客の限定、(2)徹底的

な情報管理、(3)厳格なアップ・オア・アウトによる最高頭脳集団イメージの訴求、(4)"連結者"を通じたトップエリートとのコンタクト、(5)大企業トップを輩出するマネジメント養成機関の訴求、(6)政策ブレーンの訴求、(7)トップビジネススクールとの結びつき、(8)マネジメントの独立性、(9)成長コントロール、の9項目にまとめることができる。

(1) 標的顧客の限定

同社の標的顧客は日本国内では年商1,000億円以上、月当たり数千万円のコンサルティングフィーの支払余力のある大企業である。同社はコア顧客を設定しパートナーの定期的訪問によるコンサルティングニーズの発掘を行っている。一方で不特定多数向けのセミナーやレポート配布は行わない。売上拡大や受注獲得のために、標的顧客を拡大したり、コンサルティングフィーを引き下げることはしない。つまり「超一流企業しか相手(顧客)にしない」スタンスを貫いている。

(2) 徹底した情報管理

同社に限らずコンサルティングファームは、顧客との機密保持契約により、顧客名やプロジェクト内容を外部に公表しない。顧客側もコンサルタントを委託していることは社外に公表しない。家族にも顧客名を明かしてはならず、社内でも同僚にも担当プロジェクトの話をしてはならない。これは退職しても同じである。つまりコンサルティング内容は勿論のこと、コンサルティング成果も外部に漏れることはない。それは顧客側にとって安心感・信頼感を与えるだけでなく、超一流イメージが増幅されることになる。主要事務所にはイメージアップを第一の任務とする人物が必ずいるといわれている。企業はコンサルティングファームを通じて、自社情報が競合他社に漏れることに危機意識を持っており、たとえ加工した上でのことでも、他社に情報を漏らしたとなれば、ファームに対する信頼性、一流イメージは一気になくなってしまう。

(3) 厳格なアップ・オア・アウトによる最高頭脳集団イメージの訴求

同社も含め戦略系ファームはアップ・オア・アウト(一定年数の間に昇格で

きなければ退職）を厳格に運営しており、同社の平均勤続年数は3年といわれる。国内外の優秀な人材を採用し、その中でも役員クラス（パートナー）になれるのは100分の1の確率だという。アップ・オア・アウトを厳格に運用することは、国内外の優秀人材の中からさらに選抜した最高の頭脳集団であるという印象を外部に訴求することにもなる。

(4) "連結者"を通じたトップエリートとのコンタクト

同社は海外進出を積極化した1960年代から、進出先の実業界や政治界とのパイプやネットワークを持つ地元エリートとの密接な関係づくりを行った。Kipping（1999）はこの地元エリートを連結者（pin）と称した。同社は連結者をファームのコンサルタントとして雇用し、そのネットワークを活用してコンサルティングプロジェクトを獲得した（例えば政府機関で働いていた人物をコンサルタントとして採用し、それによって政府機関からの案件を受託する）。現代の日本でも、同社は政治界や実業界と強いパイプを持つ人材を雇用していると言われる。つまり既に権威や名声のある人物を雇用することで、顧客（候補を含む）に権威・名声ある集団と印象付けられる。

(5) 企業トップを輩出するトップマネジメント養成機関の訴求

原則として同社は退職を引き留めないという。なぜならコンサルタントがファームを退職した後、転職先で重要なポストにつけば、同社の卒業生は優秀だと名声がコンサルティングの引き合いにもつながるからである。特に転職先が大企業トップ（CEO，COO等）の場合、将来の顧客候補にもなる。これは転職だけでなく独立でも同じであり、優秀な経営者層を輩出することは同社の名声向上につながる。

(6) 政策ブレーンとしての訴求

同社のシンクタンク組織として、1991年にマッキンゼー・グローバル・インスティチュート（MGI）が設立され、グローバルなマクロ経済調査を行い様々な提言を行っている。このことにより産業界だけでなく世界各国の政策ブレーンとして参画している。実際、ホワイトハウスの政治ブレーンに指名される同

社出身者も少なくない。世界経済に通じていることは同社の権威付けになっている。日本国内においても同社コンサルタント（出身者含む）が政策会議などの政策ブレーンとして参画している。

(7) トップビジネススクールとの結びつき

　同社は早くからトップビジネススクールとの密接な関係づくりによって、"よく訓練されたコンサルタント"を調達する仕組みを確立している。ビジネススクールに資金援助や共同研究を行うことで、強いパイプを築いた。トップビジネススクールとの結びつきは優秀な学生を獲得できるという直接的なメリットだけでなく、トップビジネススクールから採用しているから優秀な人材ばかりだろうという印象、そしてトップビジネススクールの教授陣との共同研究から素晴らしい経営メソッドを生み出しているのではという印象を与える。

(8) マネジメントの独立性

　同社は長らくパートナーシップ経営をとっていたが、1956年に株式会社組織へ移行した。このことで安定的な資金調達が可能になり、海外進出への規模拡大が可能になった。しかし同社の株式は金融機関を含め第三者が保有することはなく、現役のパートナーのみが保有する。退職する時は全て同社が株式を引き取り、現役のパートナーに譲渡される。また同社は株式公開をしない方針である。つまりマネジメントの独立性が確立されており、全ての顧客に対して中立的な立場を保ち、客観的な存在であることを訴求している。

(9) 成長コントロール

　同社は大きな売上拡大・規模拡大を志向しておらず、むしろ成長をコントロールしているといわれる。不況などで受注が減っても、標的顧客を広げたり、コンサルティングフィーを下げるのではなく、規模縮小（つまりコンサルタントの数を減らす）で対応する[1]。同社は「人的な知識集約性」に依存した知識創造メカニズムのため、急速な規模拡大は知識創造レベルの低下につながる。成長コントロールのスタンスは、より知識創造レベルに妥協しないファームとしてブランド力を高めることになる。

以上、(1)～(9)の取り組みを通じて、同社は「超一流企業の問題解決を行う最高頭脳集団」であると認識される地位を確立し、それが正当性を高めている。同社の特徴はマネジメントの全てにおいてトータルで仕組み化されていることである。

7-4　依存を高めるマネジメント

　第3の検証課題は、PSFはどのように顧客と協調的関係を構築しているのかである。プロフェッショナルサービスは顧客との相互作用によって問題解決を図るため、Maisterのいずれのタイプでも協調的関係を構築している可能性がある。標準化型は協調的関係を制限するという先行研究（高嶋　1998）とは矛盾が生じる。

　アクセンチュアのケーススタディから考察を行う。

　同社BPO事業は業務の標準化・集約化による低コストオペレーションを行っており、組織的にコスト管理に取り組んでいる。一方、顧客との関係性管理においては、コンサルティングからシステム構築、BPOにつながる長期的関係を築き、特にBPOの場合、5年、7年といった長期的契約を結ぶ。できるだけ顧客の現況や課題を把握し、顧客と長いリレーションを構築することを目標としている。つまり同社は標準化戦略の仕組みを持ちながら、長期的な顧客リレーションを志向している。ケーススタディでも「標準化戦略は協調的関係を制限する」という先行研究との矛盾が明らかになった。なぜ同社は、標準化戦略と協調的関係構築を両立できているのだろうか。

　そもそも標準化戦略が協調的関係を制限するのが望ましいのは、顧客との協調的関係を志向すれば、取引関係安定化のために顧客適応な対応を取りやすいからである。特に顧客が大企業であれば、取引において交渉力を持つために、顧客適応な対応を要求してくる傾向がある。これらはコスト増につながりコスト・リーダーシップの優位性にマイナス影響を与えてしまう。

　同社が標準化戦略と協調的関係構築を両立しているのは、協調的関係を維持しながら顧客側の交渉力を有利にさせない仕組みを確立しているからである。具体的には顧客側が同社に依存せざるを得ない、"依存"関係を作り出すとこ

ろにある。

　ケーススタディで記述したように、BPOとは業務の標準化・集約化による低コストオペレーションであり、同社が顧客の何らかの業務を引き受けて一定期間運営することである。顧客が経理業務を同社にBPOした場合、顧客にとって経理業務の取引依存度は"大"であり、業務の標準化・集約化のために経理業務プロセス全てを丸裸で開示しているため、経理業務の情報依存度も"大"である。つまり顧客側からの取引依存度と情報依存度が大きいため、同社は顧客に対してパワー関係で有利な立場に立てる。

　顧客側は同社に依存することで、同社が他顧客のBPRコンサルティング案件や同社内の研究開発で得られた最新技術・ノウハウを、自社BPO対象業務へ導入することを期待できる。更なるコストダウン（BPO効果）が期待でき、顧客にとってはメリットも多く競争力強化につながる[2]。一方、顧客側が同社に依存することで、BPO対象業務をコントロールすることが難しくなる[3]。BPOは契約期間を定めているため、契約期間終了後、顧客側にBPO業務を戻すことは可能である。しかし顧客側は契約期間の間に、BPO業務に関する人材を調達・育成しておらず、関連情報の収集能力も失われている。ますます依存関係への埋没が加速されることになる。

　さらに同社は顧客側の社員を出向・転籍の形で受け入れ、同社のグローバルな育成プログラムのもと育成している。日本企業が間接業務（スタッフ部門）のアウトソーシングをためらう理由の1つは社員の雇用問題であり、簡単に人員削減はできない。同社はこの顧客側の課題を、社員を出向・転籍の形で受け入れるという形で解決している。これは依存関係を強めることになる。

　また同社は顧客側と共同出資でサービス会社を設立して、自社社員も顧客社員も新会社に転籍させて業務を行うケースもある。上場で資金調達が可能になりジョイントベンチャーなど出資を伴うスキームを展開できるようになった。資金や人材を投下してまでとなると、お互いに容易に関係を解消することは難しい。サービス会社の最適な業務手順を熟知しているのは同社であり顧客側ではない。出資比率や人員比率の関係もあるが、ノウハウ・スキルの面では顧客側は依存せざるをえない。

　つまり同社は協調的関係を維持しながら、顧客側が同社に依存する"依存"

関係を作り出すことで、同社は顧客に対してパワー関係で有利な立場に立つことが可能になる。よって標準化戦略と協調的関係構築を両立することができるのである。

7－5　PSFの標準化・工業化の可能性

　第4の検証課題は、PSFはどのようにテーラーメイドな知識集約サービスと工業化の両立を可能にしているのかである。先行研究においてMaisterの効率型サービスにおいて工業化の取り組みが見られた。具体的にはシステムや手続きによって効率性を高め、テクノロジーが人的作業を代替し、現場を測定管理・監督するという特徴のことである。PSFの定義であるテーラーメイド（顧客対応）と工業化は矛盾する概念である。

　効率型ファームであるアクセンチュアのケーススタディから考察していく。同社BPO事業は標準化・集約化により低コストオペレーションを行うものであり、ベストプラクティスの導入をベースとする。ベストプラクティスは数多くの他社コンサルティング実績から導いた最適な業務手順であり、同社社員であればKXから検索・活用することができる。デリバリーセンターはこのベストプラクティスに従って業務遂行することで効率化とコストダウンを実現している。世界各国にあるデリバリーセンターとのオンライン化により、人件費の安い海外での業務遂行が可能になる。また各取引は独立採算制であり、費用・利益が可視化され、常に業務改善できるか管理されている。

　つまりシステムや手続きによって効率性を高め、テクノロジーが人的作業を代替し、現場を測定管理・監督するという工業化の取り組みがみられる。では同社はPSFとしてテーラーメイド（顧客対応）を実現しているのだろうか。

　同社は顧客との関係性管理は長期的な協調関係を築いている。できるだけ顧客の現況や課題を把握し、顧客と長いリレーションを構築することを目標としている。標準型戦略と協調的関係を両立しているのは、顧客側が同社に依存せざるを得ない"依存"関係を作り出すところにあると、前節にて指摘した。少なくとも顧客との関係性管理においては顧客対応を実現している。

　同社がPSFとしてテーラーメイド（顧客対応）と工業化を実現している理由

として、1つはエンカウンターのみ顧客対応であり、フロントとバックヤードは工業化している点を指摘できる。

　サービス・オペレーションは顧客からの距離によってサービス・エンカウンター、フロント、バックヤードと呼ばれる3つの部分から構成される。サービス・エンカウンターとは顧客との相互作用が行われる場であり、フロントとは顧客に一方向でサービスが提供される活動であり、バックヤードとはサービスを準備したり顧客と接触しない活動である。山本（2000）は顧客ニーズを絞ってより専門化していくことでサービス品質を維持しつつ低コスト化を目指すには、顧客対応の部分はエンカウンターに残しつつ、フロントとバックヤードを標準化することが必要と指摘している。

　同社BPOの場合、サービス・エンカウンターは業務プロセス改革（BPO）を行うコンサルティングの現場、デリバリーセンターへの移管業務の現場である。飲食店や小売店の場合、店頭がフロントになり、事務所や倉庫がバックヤードになるが、同社はフロントもバックヤードも海外デリバリーセンターである。そこでは決められたシステムや手続きに従って業務を遂行する。

　しかしこの場合の課題はサービス・エンカウンターの現場である業務プロセス改革や移管業務の現場で、顧客の要望が多様化・高度化することでコストアップしてしまうリスクである。しかしBPOの場合、顧客が求めるのはプロセスではなく業務の効率化とコストダウンである。顧客にとって導入される業務プロセスが標準業務プロセスだろうとカスタマイズ業務プロセスだろうと、結果として期待する効率化とコストダウンが実現すればいい。BPOのビジネスモデルは顧客の要望はコストダウンという期待成果が最優先であるため、業務手順そのものに関する要望が多様化・高度化しにくい。

　また同社は長年のコンサルティング実績から得られたベストプラクティスを持ち、かつ常に業務改善を行っており、顧客に対して「顧客よりも最適な方法を知っている（ベストプラクティス）」という情報格差を確立している。

　同社BPOは「標準業務プロセス」のサービスメニューを拡大している。出自が会計事務所ということもあり経理・財務業務から、人事業務、購買業務、コールセンター業務まで、標準業務プロセスを拡大している。これらは業務プロセス改革（BPR）というコンサルティング手法を応用でき、デリバリーセン

ターへの業務移管手法やオペレーション手法も応用できる。これは範囲の経済性による多角化である。サービスメニューが増えれば、顧客適応型のエンカウンターにおいて顧客ニーズの多様化への対応にプラスに働く。

以上より、PSFがテーラーメイドと標準化を両立させている理由として、サービス・エンカウンターのみ顧客適応を行い、フロントとバックヤードをシステム・手順化していることがあげられる。またエンカウンターで顧客ニーズの高度化・多様化が生じるリスクについては、顧客が求めるものは業務プロセスの詳細ではなくコストダウンであるため、業務プロセスの詳細に関するニーズは発生しにくい。また「顧客よりも最適な方法を知っている（ベストプラクティス）」という情報格差を確立しているため、顧客対応によるコストアップは生じにくい。

7-6　ファームパワーの確立

これまでケーススタディ結果をもとに、両社の知識創造メカニズムの違い、そして先行研究で導いた4つの検証課題に対する考察を行ってきた。

その中で、マッキンゼーは正当性を高めるマネジメント、アクセンチュアは依存を高めるマネジメントを志向していることを指摘した。2社のマネジメントを総括すると、顧客に対してパワー関係で有利な立場に立っていると指摘できる。つまりPSFとしてパワー（ファームパワー）が確立されていることが、2社の競争優位の前提にある。

石井（1983）は、パワーはある行為者の属性の関数であり、その属性はパワー資源とよばれ、パワー資源は5つのタイプに分類できると整理している（表7-1）。

この5つのパワー資源を、マッキンゼーの正当性を高めるマネジメント、アクセンチュアの依存を高めるマネジメントに当てはめてみる。これら5つのパワー資源のうち何が顧客側の行動を統制しているのか明らかにするためである。

マッキンゼーの正当性を高めるマネジメントの場合、1つは「3．専門性あるいは情報」である。マッキンゼーがグローバルな最新情報、難易度の高い問題を解決する知識・ノウハウが備わっているという顧客側の知覚である。もう

表7－1 パワー資源の定義

パワー資源	定　義
1．報酬	メンバーAがメンバーBに対して報酬を仲介しうる能力を持つという、Bの信念に基づく。
2．制裁	もしメンバーBがAの影響力の行使に対して服従しない場合、BがAによってペナルティを受けるであろう、というBの予測にもとづく。
3．専門性あるいは情報	Aが特殊の知識をもっているというBの知覚に基づく。
4．正当性[4]	Aが影響力を行使する権利を持つべきであり、あるいは持っており、かつBがそれを受け入れる義務を持っているという感情をBに与えるところの、Bによって内部化された価値に基づく。
5．一体化	BのAに対する一体感の感情、あるいは一体化への欲求に基づく。

（出所）石井（1983），p40より。

1つはまさに「4．正当性」である。マッキンゼーが提言する戦略や解決策は間違いがないという"お墨付き効果"のことであり、そのために標的顧客の限定、徹底的な情報管理、厳格なアップ・オア・アウト、トップエリートとのコンタクト、大企業トップの輩出、政策ブレーン、トップビジネススクールとの結びつき、マネジメントの独立性、成長コントロールといった取り組みによりオーソリティ（権威）あるポジションを確立してきた。

　一方、アクセンチュアの依存を高めるマネジメントの場合、1つは「3．専門性あるいは情報」である。アクセンチュアが世界中の大企業と取引があり、世界中の成功事例をベストプラクティスとして持っているという顧客側の知覚である。もう1つは「5．一体化」である。顧客は何らかの業務を同社にBPOすることで、その業務の取引依存度も情報依存度も大になる。また契約期間中はBPO対象業務の人材も情報・ノウハウも顧客内で保有・蓄積されないため、契約終了後も依存せざる得ない状況が作り出される。同社はBPO対象業務に関わる人材を転籍・出向の形で受け入れたり、顧客と共同出資でサービス会社を設立する場合もある。顧客にとって一体化せざるを得ない状況を作り出してきた。

プロフェッショナルの特徴は、長期の教育訓練によって得られた専門的知識・技術を保有していることと、プロフェッショナルとしての倫理規範を備えていることである。前述の５つのパワー資源のうち「３．専門性あるいは情報」を持つことで、専門家あるいは先生としてのポジションを得てきたといえる。

　プロフェッショナルとは、法律家や医師、会計士といった限られた職業であった時代から、知識労働者の台頭とともにプロフェッショナルは多様化し、経営コンサルタントも含め特別な資格を保有しないプロフェッショナルを考慮すれば、プロフェッショナルの人数は増加しており、プロフェッショナル間の競争が行われている。何らかの分野のエキスパートであるというだけではプロフェッショナルとして生き残ることは難しくなってきた。なぜならインターネットの急速な進展により、プロフェッショナルでなくても、データやレポートの形で、容易に専門情報・知識を入手できるようになったからである。それもタダ同然である。これまでプロフェッショナルは有料データベースから入手した情報データを加工して顧客に納品してきたが、顧客が大企業の場合、ファームと同じデータベースを契約している場合も少なくない。もはやプロフェッショナルが顧客より専門情報・知識を保有しているという「情報格差」だけで報酬を得る時代ではなくなったといえる。

　ケーススタディを通じて明らかになったのは、プロフェッショナルが保有する「専門性・情報」というパワー資源に加えて、マッキンゼーは「正当性」というパワー資源、そしてアクセンチュアは「一体化」というパワー資源を確立している点である。両社の知識創造メカニズムやファームマネジメントはそれを実現するための仕組みを志向している。それがPSFの中で突出した競争優位につながっている。

　本書では「知識」を核としたビジネスのマネジメントをテーマに分析を行ってきたが、プロフェッショナルが保有する専門性・情報に続く「第２のパワー資源」をいかに確立するかが、PSFのマネジメントの鍵である。

■注

1 O'Shea and Madigan（1997=1999）邦訳，p.406。
2 髙嶋（1998）は、依存関係のメリットを協調的購買で優先的な取引や情報提供による競争力強化としている。
3 髙嶋（1998）は、依存関係を通じてその関係をコントロールする能力が次第に失われ、一層、依存度が増すことを、依存関係へ埋没するとしている。
4 原文では「正統性」であるが、正統とは系統・血統の正しさ、伝統・しきたりを正しく伝えることを意味するため（広辞苑）、本書では「正当性」を使う。

第8章

結論とインプリケーション

　本章ではこれまで展開してきた議論の結論を示し、理論的インプリケーションおよび実務的インプリケーション、そして最後に本研究の限界と今後の課題について提言を行う。

8-1　結　論

　本書は、知識・情報社会の進展とともに関心が高まっているプロフェッショナルサービスのビジネスモデル、その中でもコンサルティングサービスに焦点を当てた分析を通じて、「知識」を核としたビジネスのマネジメント、を明らかにするものである。

　その背景には筆者自らが20数年、PSFに所属してコンサルティングサービスを提供する中で、なぜ"ほんの一部"のコンサルティングファームだけが、政治の重要課題や大企業の経営戦略に関わり、高額な報酬を手にし、優秀な人材を惹きつけることが可能なのか、そこには"特別なメカニズムやマネジメント"が存在するはずである、という問題意識が基軸にある。この"特別なメカニズムやマネジメント"を明らかにするために、プロフェッショナルサービスを中心とする先行研究およびコンサルティング産業の分析を通じて、トップブランドファームであるマッキンゼーと、最大規模ファームであるアクセンチュアの2社のケーススタディを行った。

　この"特別なメカニズムやマネジメント"とは何なのか？　という問いに対

する答えは、両社は複数のパワー資源を確立することで、顧客に対するパワー関係を形成していることにある。既にプロフェッショナルは「専門性・情報」というパワー資源を持っているが、両社はそれに加えて「第2のパワー資源」を確立している。マッキンゼーは「正当性」という第2のパワー資源、アクセンチュアは「一体化」という第2のパワー資源である。

マッキンゼーは「専門性・情報」と「正当性」の2つのパワー資源を持つことで、「正当性」を高めるマネジメントを確立している。正当性とは社会から正当であると認められる状態であり、コンサルタント（コンサルティングファーム）であれば提言する戦略や具体的施策は正しいと認識され、お墨付きを与える状態である。正当性ある知識提供者として認められるには、PSFとして名声、知名度・ブランドが必要になる（Khurana et al. 2002, Kipping and Engwall 2002）。同社は1926年の設立以来、マービン・バウワーの手腕もあり、この正当性ある知識提供者としての揺るがないポジションを確立するためのマネジメントが志向されてきた。このマネジメントの特徴は次の3つにまとめられる。

第1は「難易度の高い問題解決を実現する高度な頭脳集団」の維持・向上に一切の妥協を許さない仕組みをとっていることだ。同社はトップビジネススクールや一流企業経験者から優秀な人材を選抜し、さらにアップ・オア・アウトによって更に人材を絞り込んでいく。そしてチームアプローチやプラクティス活動によって優秀な個人の知識を結集させる。また知識はゼロベースで生み出し、他社事例の活用も限定的である。

第2はあらゆる産業や経営機能はもちろんのこと世界の政治経済に通じた知見を継続的に蓄積し、より名声を高めていることだ。同社はプラクティス活動や研究開発活動を通じて新たなコンサルティング手法や経営コンセプトの開発に取り組むとともに、シンクタンク組織（マッキンゼー・グローバル・インスティチュート）に売上高の0.1％を投資して、世界のマクロ経済を研究している。世界中の企業にとっても各国政府にとっても知りたい情報である。また各国の政策策定を受注したり、同社出身者が政策ブレーンとして招へいされている。世界の政策に関わることが名声を高めている。

第3は客観的かつ中立的なプロフェッショナルスタイルを貫いていることだ。同社は株式公開せずに、株式は現役パートナーのみ保有する。また急速な

ファーム成長を志向せず（成長コントロール）、高品質なサービスを提供することを優先する。（コンサルティングフィーは高額だが）拡大成長に走っていない印象を与える。拡大成長より知的貢献を重視する性質を持つプロフェッショナルを惹きつけることにもつながる。そして同社の徹底した情報管理によって"ブラックボックス化"され、外部からプラスイメージが増幅されている。

これらの取り組みを継続することによって、同社は正当性ある知識提供者としての揺るがないポジションを確立してきた。総じて言えるのは、正当性ある知識提供者として「認識される」「印象付ける」ことが中心であり、例えばアップ・オア・アウトによって同社の知識水準が本当に高まっているのか外部から事実確認はできない。しかし「正当性」とは事実はともかくとして、価値があるとか、適切であるとか、あるいは妥当であると認識・理解されるものであるため（Suchman 1995）、顧客や社会から同社は正当性ある存在として認識されればよいのである。同社のマネジメントは（結果的に）イメージコントロール戦略によるものも大きい。

次のアクセンチュアは「専門性・情報」と「一体化」の2つのパワー資源を持つことで、「依存」を高めるマネジメントを確立している。依存とは顧客側が同社に依存せざるを得ない関係のことであり、同社BPO事業はこの依存関係を作り出している。同社のマネジメントの特徴は次の3つにまとめられる。

第1は顧客業務を引き受けることで、その業務の取引依存度も情報依存度も大となり、顧客に対してパワー関係で有利な立場に立っている。顧客が経理業務を同社にBPOした場合、経理業務の取引依存度は大であり、経理業務プロセスの全てを開示するため情報依存度も大になる。

第2は同社に委託することでスイッチングコストが高まることである。契約期間中、顧客内でBPO対象業務の人材も情報・ノウハウも保有・蓄積されないため、契約終了後も依存せざる得ない状況が作り出される。契約期間を通じて継続的な業務効率化が進んでいるため、委託するより効率的な業務を自社内で確立することは困難になる。

第3は資金面や人材面で一体化する状況を作り出していることである。同社はBPO対象業務に関わる顧客側の社員を転籍・出向の形で受け入れて、自社社員と同じような教育を行っている。また顧客と共同出資でサービス会社を設

立して、自社社員も顧客社員も新会社に転籍させて業務を行うケースもある。これらが可能なのは、2001年7月にニューヨーク株式市場に上場することで資金調達できることと、グローバルで310億米ドル（2015年8月期）という企業規模の大きさだからである。同社は顧客の売上を超える場合もある。顧客側にとって、資金面や人材面の一体化は容易に関係を解消しづらい。

　これらの取り組みによって、顧客側が同社に依存せざるを得ない関係を作り出してきた。PSFは永らく独立非公開という原則により、株式公開や特定企業への出資を行わないことで、独立性のある存在であるべきとされてきた。しかし同社は株式公開を行い、特定企業へ出資（共同出資）を行ったり、顧客側の社員の受入れも行っている。そのことにより独立非公開というスタンスでは得られなかった「一体化」という新たなパワー資源を手に入れることができた。

　もちろん第1のパワー資源である「専門性・情報」についても、両社は優れたメカニズムとマネジメントを確立している。両社とも個人知を結集させて組織知を生み出しているが、マッキンゼーは個人と知識は完全に分離できないものととらえ、人的な知識集約性を維持・向上する仕組みを展開している。またアクセンチュアは個人と知識は分離し、知識はツール化できるものととらえ、知識はすべてポータルに登録され、他プロジェクトで再利用される。コンサルティング手法やベストプラクティスが全世界どこにいてもポータルから検索でき活用できる。つまり組織知はポータルの中に存在している。このことにより全世界で均一のサービスを提供し続けることが可能になり、業務の生産性やスピードを高めることができる。同社の継続的なスピード成長のカギはこのツール的な知識集約性にあると考えられる。

　本書は「知識」を核としたビジネスのマネジメントの中で、"なにか特別なメカニズムやマネジメント"を明らかにすることを主目的としてきた。この問いに対する答えは、プロフェッショナルとしての専門性・情報に続く、第2のパワー資源を確立することで、顧客に対するパワー関係を形成することである。ケーススタディを通じて、「正当性」と「一体化」という第2のパワー資源が明らかになった。

8−2　理論的インプリケーション

　本書の理論的インプリケーションは、次の6つにまとめられる。
　第1は、プロフェッショナルサービスの知識創造プロセスと知識財ジレンマの克服について明らかにしたことである。野中ら（1996, 1999）に代表される知識創造プロセスモデルは顧客との相互作用が行われるプロフェッショナルサービスにはそのまま適用できないため、知識移転者と知識創造者の2つの役割を持つことに着目して、プロフェッショナルサービスの知識創造プロセスを示した。さらに事前評価の困難性と買手能力の影響を受けるという知識財ジレンマの存在を示し、ケーススタディを通じてこのジレンマの克服方法を明らかにした。具体的には想定効果の可視化、買手能力の高い顧客の選別、知識移転以外の提供価値の発揮、オペレーションの受託といった取り組みである。
　第2は、生産財でもあるプロフェッショナルサービスが生産財研究と異なる点（矛盾）とその理由を明らかにしたことである。生産財研究ではコスト・リーダーシップ戦略を志向する場合は顧客と協調的関係を制限しているが、コスト・リーダーシップ戦略を志向するプロフェッショナルサービス（効率型）は顧客と協調的関係を築いており矛盾が生じる。コスト・リーダーシップ戦略を志向するアクセンチュアのケーススタディより、協調的関係を維持しながら顧客側の交渉力を有利にさせない仕組みを確立し、顧客側が依存せざるを得ない依存関係を作り出すため、コスト・リーダーシップと協調的関係の両立が可能になることを明らかにした。
　第3は、接点重視モデルと工業化モデルは対極的なモデルではなく、接点重視モデルはバックヤードのみ工業化するサービス工業化モデルの発展形であることを示した。さらにプロフェッショナルサービス（効率型）がテーラーメイドな顧客対応にもかかわらず工業化との両立を可能にしているのは、エンカウンターのみテーラーメイドであり、フロントとバックヤードは工業化のサービス・オペレーションを導入しているからである。また顧客ニーズが多様化・高度化しても、プロフェッショナルサービス（効率型）に求めるのは効率性・コストダウンを実現するベストプラクティスのため、有形製品の顧客ニーズ多様

化によるコストアップとは異なることを指摘した。

　第4は、プロフェッショナルサービスは社外のオーソリティとしてお墨付きを与える正当性効果を持っており、名声や権威、ブランド・知名度が備わっていなければならないことを指摘した。さらにトップブランドファームであるマッキンゼーのケーススタディより、正当性を高めるマネジメントを明らかにした。同社は正当性ある知識提供者として「認識される」「印象付ける」取り組みを行っている。

　第5は、マッキンゼーとアクセンチュアのケーススタディを通じて、2つの異なる知識創造メカニズムを明らかにしたことである。マッキンゼーは個人と知識を完全に分離できないものととらえ「人的な知識集約性」を高める仕組みを確立し、高度な頭脳集団として正当性を高める結果につながっている。またアクセンチュアは個人と知識を分離し、知識はツール化できるものととらえ「ツール的な知識集約性」を高める仕組みにより業務の生産性・スピードを高め、継続的な急成長を実現する結果につながっている。知識創造メカニズムの違いはビジネスモデル全体に大きな影響を与える。

　最後（第6）は、「知識」を核としたビジネスのマネジメントの基盤となるのは、複数のパワー資源を確立することで、顧客に対するパワー関係を形成することを提示したことである。既にプロフェッショナルは「専門性・情報」というパワー資源を持っているが、それだけで競争優位を確立することはできない。マッキンゼーは「正当性」、アクセンチュアは「一体化」という「第2のパワー資源」を確立している。「専門性・情報」に続く「第2のパワー資源」をいかに確立するかが、プロフェッショナルサービス（ファーム）のマネジメントの鍵である。

8-3　実務的インプリケーション

　これまでのプロフェッショナルサービスに関する研究は、プロフェッショナル（専門職）の独自の特徴である「高度な専門的知識・技能をベースとした知識集約性」と「高い倫理規範と自律性」を考慮したマネジメントのあり方を提示したものが多かった（Gummesson 1978, Alvesson 2004, Arthur and

Rousseau 1996, Hall 2002)。その背景にはプロフェッショナルとは聖職者や医師、教職者といった「先生」的立場の専門職として捉えられ（Shapiro 1985)、マーケティングやビジネスの視点は重視されてこなかったからである。

しかし知識経済到来とともに知識労働者は急増し、「先生」的立場であったはずのプロフェッショナルも競争を余儀なくされ、各PSFは顧客獲得と収益確保のために様々な手を打っている。ビジネス書の刊行、セミナーの開催、ビジネス雑誌への広告、会員制組織の導入、飛び込み営業、経済レポートのリリースなど様々な手を打っているが、継続的な顧客確保・収益確保は容易ではない。これらは目先の販売促進策や顧客獲得策にすぎないからである。

昨今ではビジネススクールを出たからといってコンサルティングファームに就職せず事業会社で活躍する人も少なくない。またコンサルティングファーム出身者が事業会社のトップマネジメントや経営企画責任者として活躍するケースもある。成長著しいベンチャー企業のトップマネジメントのほとんどが戦略ファーム出身者ということもある。つまり以前ならPSFだけが保有していた専門性・情報は今や顧客側も保有しており、PSFの情報格差が成立しないケースが生じてきている。さらに顧客側が専門知識を保有するだけでなく、PSFファーム出身者が顧客側にいるのであれば、顧客側で問題点抽出・解決策提示まで社内で対応可能となり、プロフェッショナルサービスを外部購入する必要がなくなる。PSFは「専門性・情報（知識集約性）」というパワー資源のみでは存在価値を出すことが難しくなってきている。自身がPSFに所属して日々痛感していることである。

本研究を通じて明らかになったのは、PSFは「専門性・情報（知識集約性）」というパワー資源のみでは昨今のプロフェッショナルサービス競争時代を生き残れず、それに加えて「第2のパワー資源」を確立して、顧客に対してパワー関係を形成する必要性である。ケーススタディを通じて「第2のパワー資源」として「正当性」および「一体化」の存在とそのメカニズムを示した。つまりPSFとして特定専門分野に詳しいという情報格差だけでなく、「このPSF（または所属プロフェッショナル）が提供するものは正しく信頼性が高い」と認識される（権威として活用される）ポジション、あるいは「顧客側と一体化して離れられない仕組み」を作り出すこと、である。

これらの示唆は、PSFがこの競争時代を勝ち抜くうえでマネジメントの参考になるだけでなく、PSFに限らず労働生産性の低さが指摘されるサービス業全般、および何らかの形で知識をビジネスに取り入れている企業にとって、参考になるはずである。
　本書では、トップブランドファームであるマッキンゼー、日本および世界で最大規模ファームであるアクセンチュアをケーススタディ企業として取り上げた。ブランド・知名度や企業規模が参考になりづらいという指摘もあろうが、たとえ企業規模が小さくても「第2のパワー資源」を手に入れることは決して不可能ではないと考える。

8-4　今後の課題

　本書のテーマは「知識」を核としたビジネスのマネジメントを明らかにすることであり、マッキンゼーとアクセンチュアのケーススタディを通じて、プロフェッショナルとして専門性・情報（知識集約性）を高めることは勿論のこと、それに続く「第2のパワー資源」を確立することが、PSFのマネジメントの鍵になることを明らかにした。知識社会がますます進化し、PSFにかかわらず多くの企業が知識を競争力源泉とした展開を志向する中で、「知識」を核としたビジネスのマネジメントの在り方に1つの示唆を与えたことに貢献があると思われる。
　しかし本書の考察でいくつかの課題が残されている。まずプロフェッショナルの独自の特徴として「高度な専門的知識・技能をベースとした知識集約性」および「高い倫理規範と自律性」の2つを示したが、本書では知識創造メカニズムに関する考察を行ったものの、高い倫理規範と自律性を持つプロフェッショナルをどのようにマネジメントしているかというヒューマンリソースマネジメント（HRM）については先行研究レビューのみで十分な考察は行っていない。特にプロフェッショナルは自律性が高く組織に従属することを拒否する特質があるため、PSFとして継続的に収益を上げていくことと、プロフェッショナルの知的貢献の実現をいかに両立するかについては、検証すべき課題であろう。

またプロフェッショナルサービスの特徴を最も備えているものとしてコンサルティングサービスに焦点を当てたが、広告代理店、弁護士、会計士、建築家といった他のプロフェッショナルサービスでも同じ結論を導けるかという課題も残っている。昨今社員として弁護士を雇用する企業が増えており、社内での法務対応を高めていると聞く。弁護士業界でも専門性・情報の強みが薄れ、本書で導いた第2のパワー資源の重要性が認められるのであろうか。

そして中堅・中小企業をターゲットとしたプロフェッショナルサービスでも本書と同じ結論が導けるかという課題も残っている。本書で取り上げたPSFはいずれも大手であり、大企業を顧客にしている。顧客側の専門知識・情報レベルが上がることで、PSFは第2のパワー資源で勝負せざるを得ない訳だが、中堅・中小企業はまだPSFとの情報格差は存在すると推測される。Maister（1993）が提唱したPSFの3つのビジネスモデルの中で、経験型サービスが該当するが、中堅・中小企業をターゲットとしたプロフェッショナルサービスは高度な専門的知識・技能という第1のパワー資源だけで十分なのであろうか。

また近年、PSFがより下流、つまり具体的な実行支援へと舵を切っていることにも言及しなければならない。具体的には金融機関との事業コンソーシアムによる事業化支援、ハンズオン型の実行支援、デザイン会社との提携など、PSFの定義そのものが変化している。外部環境変化に伴うPSFの変革についても研究していきたい。

最後に、プロフェッショナルサービスの実務者として、本書で得られた示唆を自らの業務を通じて実証研究することが最も重要な課題と考えられる。

補　章

日本のコンサルティングサービス発展の考察

　補章では、日本のコンサルティング産業の発展について考察している。日本のコンサルティング産業は欧米と同じような発展段階を経てきているにもかかわらず、欧米先進国と比較して、日本のコンサルティング産業の市場規模は小さい。日本のコンサルティング産業の発展経緯を欧米先進国と比較しながら、「日本のコンサルティング産業の発展が遅れてきた」背景と原因について考察する。

補－1　日本のコンサルティング産業の市場と国際比較

　ここでは世界および日本のコンサルティング産業の市場規模を明らかにし、日本のコンサルティング産業の発展の遅れを指摘する。
　Kubr（2002=2004）によると、世界のコンサルティング市場は、1992年で約283億ドル（約3兆7,000億円）[1]、1999年には約1,020億ドル（約12兆円）と推計している。つまり世界のコンサルティング産業は、1992年から1999年の7年間で約3倍以上という急成長を遂げたことになる。さらに同機関は世界のコンサルティング市場の成長率は、1990～1994年までは年平均25％、1995～1999年までは年平均18.9％としている。1999年のヨーロッパのコンサルティング産業は約330億ドル（約3兆9,000億円）と推計されており、世界市場に占めるシェアは約3割である。残りの7割（約690億ドル、約8兆1,000億円）のほとんどはアメリカ市場と想定される。

また大石（2004）によると、ユーロモニター社調べのマネジメントコンサルティングサービスの市場規模は、アメリカ市場は2000年で約7兆円、2002年で約9兆円、2004年で約10兆円とある。廣川（2005）は、公表されているグローバルコンサルティング会社の売上高を積み上げ、成長率を加味して世界のコンサルティング市場を推計している。それによると2004年で世界市場規模は約12兆円であり、アメリカはその半分の約6兆円としている。出所によって対象範囲や計算方法が異なるため、近年の世界のコンサルティング産業の市場規模を把握するのは難しいが、リーマンショックでの落ち込みやその後の経済回復、新興国の経済成長等を考慮すると、世界市場は15～20兆円と推計できる。内訳としては、アメリカ市場がシェア50％の7～10兆円、ヨーロッパ市場がシェア30％の4～6兆円と推計できる。

　では日本のコンサルティング産業の市場規模はどれぐらいだろうか。コンサルティング産業の市場規模を把握することは難しい。その理由としては、コンサルティングサービスの定義が曖昧で業務範囲が捉えにくいこと、上場しているコンサルティングファームが少なく経営数値の把握が難しいこと、弁護士や会計士のように国家資格を必要としないため中小・個人のコンサルティングサービスの実態がつかめないこと、などがあげられる

　しかし、いくつか日本のコンサルティング産業の市場把握を試みた調査がある。中小企業庁が1971年にコンサルティング産業について調査を実施しており[2]、コンサルティングを主たる業務とする法人500社を調査対象としている。調査結果によると、当時、経営コンサルティングに関わる団体・企業は約500、経営コンサルタントは約3万名、コンサルティング市場規模は約400億円と推計されている。1981年には通商産業省が経営コンサルタント業に関する調査を実施しており、調査対象事業者は1,690、従業員数は1万1,235名、年間売上高は約945億円と推計されている[3]。また1989年に全日本能率連盟も経営コンサルティングに関する調査を行っており、経営コンサルタント団体の半数が株式会社、残りが社団法人・財団法人が中心で且つその規模が大きいとしている。また年間売上5,000万未満の団体が約70％を占め、税理士・会計士・社会保険労務士等との兼業が多いとしている[4]。

　その後も日本のコンサルティング産業は成長を続け、大石（2004）によると、

ユーロモニター社調べのマネジメントコンサルティングサービスの日本市場規模は2002年で約1,430億円、2007年で約3,116億円と推計されている。廣川（2005）は1,800億円～3,000億円と推計している。またIT専門調査会社のIDC Japanは2015年の国内コンサルティング市場を6,463億円と推計している。内訳としてはビジネスコンサルティング市場（戦略、業務改善、財務／経理、組織／人事変革、リスク管理等）が3,389億円、ITコンサルティング市場（IT戦略およびIT業務コンサルティング）が3,074億円である。以上を参考に、ITコンサルティングを含まない、日本のいわゆる経営コンサルティング産業の市場規模は約3,000億円と推計できる。

　前述したように近年の世界のコンサルティング産業の市場規模は15～20兆円、そのうちアメリカ市場が7～10兆円、ヨーロッパ市場が4～6兆円と推計できる。アメリカやヨーロッパと比較すると、世界第3位（名目GDPベース）の大国である日本の3,000億円市場はいかに小さいかわかる。市場規模ベースでは日本市場はアメリカ市場の20～30分の1しかない。もちろん日本とアメリカとはGDP格差があるため、市場規模格差をGDP比（2015年名目GDPベース）で比較してみても、日本市場はアメリカ市場の5分の1～8分の1である。経済大国である日本のコンサルティング産業の発展は立ち遅れているといえるだろう。

　事実、日本のコンサルティング産業のプレゼンスは高いとはいえない。アメリカの一流大学や有名ビジネススクールの就職人気ランキングでは、マッキンゼーなどコンサルティングファームは上位に並ぶといわれる。一方、日本では就職人気ランキング上位にコンサルティングファームはあがってこない。楽天「みんなの就職活動日記」実施の『2016年卒の新卒就職人気企業ランキング（1～200位）』によると、最も上位が野村総合研究所の47位、アクセンチュアが79位、ボストンコンサルティンググループが135位、マッキンゼー・アンド・カンパニーが197位に過ぎない。また就職情報サイト「キャリタス就活2017」の『2017年卒の就職希望企業ランキング（1～200位）』によると、最も上位が野村総合研究所の37位、アクセンチュアが61位、ボストンコンサルティンググループやマッキンゼー・アンド・カンパニーを含めた他のコンサルティングファームは200位にも入っていない。そもそも戦略系コンサルティングファームは日本企業のように新卒採用をベースとしていないこと（むしろビジネスス

クール卒業生や実務経験のある社会人の採用が中心)を考慮しても、コンサルティングファームはまだまだ日本では人気のあるメジャーな職種にはなっていない。

またアメリカの場合、大企業のトップがコンサルティングファーム経験者であることは珍しくないが(たとえばIBMの再生に貢献したルイス・ガースナー氏、アメリカン・エクスプレスのハーベイ・ゴラブ氏など)、日本の場合はコンサルティングファーム経験者が自ら経営者となったり(たとえばディー・エヌ・エーの南場智子氏、オイシックスの高島宏平氏など)、外資系企業のトップとして活躍(日本ケロッグの宮原信夫氏、ルイ・ヴィトン・ジャパンの藤井清孝氏、いずれも退任)する例もあるが、日本の大企業(それも歴史のある)がコンサルティングファーム出身者を社外取締役ではなく経営者として招へいする例は多くはない[5]。日本では、コンサルタントは経営者にもなれる、"経営のプロフェッショナル"として見なされていないといえる。

次節以降では、日本のコンサルティング産業の発展経緯を欧米先進国と比較しながら、日本のコンサルティング産業の発展が立ち遅れてきた背景と原因について分析していく。

第3章で述べたように、コンサルティングサービスの発展段階は大きく3つの世代からなる。まず第Ⅰ世代(1910〜1950年)では、科学的管理法をベースとしたコンサルティングサービスが生成し、数多くのコンサルティングファームが誕生・発展した。次の第Ⅱ世代(1950〜1980年)では、いわゆる戦略系コンサルティングファームが台頭した。彼らは大企業の企業戦略に特化し、分析手法や問題解決法などの独自商品を持ち、顧客の海外進出にあわせて、自らもグローバル展開を果たしていった。最後の第Ⅲ世代(1980年〜現在)では、IT系コンサルティングファームが数多く登場してきた。情報技術の進展とともに、システム構築とコンサルティング手法を組み合わせたコンサルティングサービスが拡大していった。

欧米はこの3つの発展段階によって、コンサルティング産業は成長してきたが、日本も同じような発展段階を経てきているにもかかわらず、前述のようにコンサルティング産業の発展は遅れている(経済規模と比較して、コンサルティング産業の市場規模が小さい)。日本と海外諸国(特にアメリカ)のコンサルティング産業の生成と発展経緯を丹念に振り返りながら、日本のコンサルティング

補章 日本のコンサルティングサービス発展の考察 149

産業の発展の遅れを明らかにしていく。

補-2 コンサルティング産業の発展経緯（第Ⅰ世代）

本節では、コンサルティング産業の第Ⅰ世代（1910～1950年）における、海外市場と日本市場の発展経緯を振り返る。

補-2-1 第Ⅰ世代～海外市場

コンサルティング産業の登場は第2次産業革命まで遡る。19世紀後半の第2次産業革命とともに大規模企業が誕生し、大規模企業の経営者達は経営に関するアドバイスを外部に対して求めるようになった。しかし多くの場合、銀行家、広告代理店、監査法人、技術者などによる、その場限りのサービス提供にとどまり、有償でのコンサルティングサービスは、アメリカで科学的管理法の発展とともに生まれた。

経営コンサルティングの起源は、アメリカでの南北戦争（1861-1865年）後、工業化が進展し、安価な労働力を求める雇用者側と組織的な争議活動を展開する労働者の対立が激化し、両者の仲立ちとして1880年に成立した「アメリカ機械技師協会」といわれている。この協会に属しており、両者の仲介活動を開始したのが、「科学的管理法の父」であるフレデリック・テイラー（Frederick W. Taylor：1856-1915）をはじめとした「能率技師」と呼ばれる人々である。この活動の中心的な役割を果たしたテイラーの軌跡について紹介する。

(1) テイラーの科学的管理[6]

テイラーは1856年にアメリカ・フィラデルフィアの上流家庭に生まれ、恵まれた教育環境で育った（父は弁護士）。しかしテイラーは大学教育ではなく、伝統的な徒弟制や工業で職歴を積む道を選び、1878年に大手鉄鋼会社ミッドベール・スチールに作業者として就職した。そこで機械改良や作業工程改善に取り組み、『テイラー・ショップ・システム（Taylor Shop System）』という科学的管理の原型を開発した。彼の能力と努力によって同社の主任技師（職長）にまで昇進している。1889年に同社を退職した後は、いくつかの会社で工場管理や

作業標準化に取り組み、1901年にコンサルタントとして独立開業したが、これがビジネス（有償）としてのコンサルティングサービスの始まりといわれている[7]。

彼は自分の職業を"コンサルタント・エンジニア（顧問技師）"と称しており、彼の仲間や部下達も同じ名称を使っていた。彼は自営のコンサルタント業を開始するまでに既に重要な経験を十分に積んでいた。彼は産業機械の発明家として確かな評価を得て、工場管理者として幅広い経験も蓄積していた。また数々の実験を企て、組織や人間を意識的に考察していた。その実験の1つが彼の象徴的な貢献である時間・動作研究に発展したのだった。19世紀後半までは、モノづくりは伝統や経験主義によって支えられてきたが、工場が大規模化するにあたり、経験主義的な方法は混乱と無駄を引き起こした。そこで生まれたのが体系的管理である。

テイラーはコンサルタントとして、3つの制度を提唱した。管理者が自らの活動の指針とするための作業記録を利用できるような会計制度、管理者が作業場で起こっていることをより正確に把握できる生産管理システム、労働者を命令や指示に従うように指導する出来高給制度である。1898〜1901年にテイラーはベスレヘム製鉄会社のコンサルタントとして、精力的に研究を続け、1901年にはテイラーは体系的管理に手を加えて科学的管理を創り出していた。1911年にテイラーの主著である『The Principles of Scientific Management』（科学的管理の諸原理）を刊行し、これは翻訳されて日本も含め海外で広く読まれた。

テイラーの名前が知れ渡るにつれて、視察、助言、講演などの依頼が殺到したが、テイラー個人で対応できず、弟子達に協力を仰いだ。著名な弟子達の名前をあげると、ヘンリー・L・ガント（Henry L. Gantt）、カール・C・バース（Carl C. Barth）、モーリス・L・クック（Morris L. Cooke）、フランク・B・ギルブレス（Frank B. Gilbreth）、ハリントン・エマースン（Herrington Emerson）、ハーロー・S・パースン（Harlow S. Person）などがいる。弟子達の中で、ガントはテイラーの最初の重要な弟子であり、課業・賞与制度や彼のトレードマークである「ガント・チャート」といった価値ある改良の発案者である。弟子達はテイラーの科学的管理を継承しながら、それぞれの道を歩んでいった。それはテイラーが始めたビジネスとしてのコンサルティングサービスの発展でもあ

る。

　テイラーの有力な弟子の1人であるエマースンは標準原価に関して独自の方法論を展開し、1899年にはコンサルティングファームを立ち上げ、以後20年間で、ニューヨーク、ピッツバーグ、シカゴ、フィラデルフィア、タコマへとオフィスを展開している。彼はスタッフに能率技師（Efficiency Engineer）と名称を与えて、いわゆる能率運動を実施した。テイラーの弟子の中で、テイラーが生み出した科学的管理をコンサルティングサービス（ビジネス）として育成していった1人である。弟子の多くは個人事務所レベルでコンサルティング活動を展開していたが、彼だけは法人化して事務所を大規模化していった。

　ヨーロッパへのテイラーシステムの導入はアメリカより遅れて進展していった。ドイツでは、技師達がテイラーシステムに関心を示し、積極的な導入が試みられたが、労働者・労働組合の反対・抵抗によって定着しなかった。またテイラーシステムは能率向上による大量生産を可能にするものだが、当時のドイツは大量生産・大量販売を可能とする経済状態ではなかった。よってテイラーシステムの導入・定着は遅れたが、第1次大戦中に軍需生産部門での大量生産が必要となったため、テイラーシステムの導入が進んでいった。第1次大戦後、テイラーシステムはドイツの合理化運動の基礎として進展していった。

　フランスでは、著名な科学者アンリ・ル・シャトリエ（Henry Louis le Chatelier）がテイラーシステムに大変興味を持ち、テイラーの原書の翻訳や論文などを通じて、積極的にフランス国内に紹介していった。フランスでテイラーシステムを実際に導入したのは自動車会社ルノーであるが、フランス企業への導入例は少なかった。テイラーシステムを導入するためのコストの高さに対する企業家側の抵抗、生産性上昇が雇用労働力を減少させるという労働者側の反対、労働者から専門的能力や創造性を奪い社会的地位を低下させる懸念などが背景にあったからである。

(2)　ブドー社の展開

　科学的管理を米英両国に大きく普及させた人物として、チャールズ・E・ブドー（Charles Eugene Bedaux：1886-1944）の名前をあげることができる。ブドーはフランスで生まれ、高等教育を受けた記録はないが、いくつかの労働経

験を通じて、アメリカで能率専門家となった。1910年前後には既に個人コンサルタントとして活躍しており、1916年にアメリカで「クリーブランド・チャールズ・E・ブドー社」を創設した。1909〜1916年の間に彼独自の科学的管理のシステムを考え出していた。彼が考案したのは「ブドー・システム」という、すべての人間労働は一定単位の努力と疲労という尺度で測定可能である、という前提に基づく労務の管理・統制システムであった。

　同社は1926年以降に海外展開を行い、順調に顧客を増やしていき、1930〜1940年にかけて国際的なコンサルティングファームとして大きく成長を遂げた。1918年には技師数がわずか2人で、ブドー・システム導入工場数（導入済みおよび導入中）が3件であったのが、1931年には技師数が205人にまで増え、ブドー・システム導入工場数（導入済みおよび導入中）が632件まで増えている（いずれもグローバルベース）。1934年の時点で、ブドー・システムは21ヶ国で導入されており、アメリカとカナダで230件以上、イギリスで約100件の導入実績があった。わずか20年の間で、個人コンサルタント事務所がグローバルコンサルティングファームに急成長したことになる。

　アメリカの顧客の中には、ローリング・ミル社、ゼネラル・エレクトリック社、ニュージャージー・スタンダード・オイル社、ダウ・ケミカル社、イーストマン・コダック社、スイフト社という著名な企業が名を連ねていた。アメリカ以外でブドー・システムの導入が最も進んだ国はイギリスである。1945年までに500以上のイギリスの会社がブドー・システムを導入していた。ジョセフ・ルーカス社、ピルキントン社、ジョセフ・ライアン社、フェラーンティ社、インペリアル・ケミカル・インダストリーズ社などの企業である。

　ブドーがこのコンサルティングサービスの展開で成功した理由は、彼を信じたくなるような巧みなプレゼンテーション・プロモーションと、直接的な経営成果を経営者に約束した点である。ブドー・システムの導入により、単位原価低減や産出高増大、能率増進、つまりは利益増大の実現を経営者に約束したのである。しかしコンサルタント達による作業分析の負荷や、これまでの仕事のやり方を変えることへの抵抗から、しばしばストライキが生じた。

　多くの経営者達を魅了してきたブドー社は1930年代半ばから勢いをなくしていった。1つは政治的影響である。ドイツではナチスが彼らのオフィスを閉鎖

し、ドイツ式の作業時間測定管理方法を代わりに広げていった。イタリアではファシスト政府が1936年にコンサルティングを禁止した。ブドーの評判や勢いは減退していったため、ブドーは社名から自身の名前を除き、1938年に「Associated Industrial Consultants（AIC）」へと名前を変えた。

ブリティッシュ・ブドー社（イギリス・ブドー社）で働いていた多くの技師達は、ブドー社を離れ、コンサルタントとして独立したり、特定企業内に作業研究部門を創設したりした。かつてブドー社の技師であった、レスリー・オーは1932年に同社を去り「アーウィック・オー・アンド・パートナーズ」社を創設した。またブドーの弟子であるR・ブライスンとW・H・クレイヴァンもブドー社を去り、1934年に「P・E・グループ（Production Engineering）」を設立した。この頃に設立された主要コンサルティングファームは、1956年にイギリスコンサルティングファーム団体である「Management Consultancies Association（MCA）」を立ち上げている。この団体は現在も存在しており、イギリスのコンサルティング産業の約60％を占め、大きな影響を与えている。

アメリカでもイギリスより早くコンサルティングファーム団体が設立されている。アメリカでは様々なコンサルティングファームが設立されることで、能力不足や倫理的に問題のあるコンサルタント（ファーム）が出現するようになってきた。よって1932年にコンサルティングファームが集まって、米国経営士協会ACME（Association of Consulting Management Engineers）というコンサルティング団体が結成され、職業倫理の遵守とプロとしての業務能力の向上に努めた。ACMEは個人経営コンサルタントの集まりではなく、あくまでも複数のコンサルタントを擁するコンサルティングファームの団体である。1960年に39社、1966〜67年に43社、1970〜71年に42社が加盟していた。

(3) 新しいコンサルティング組織の台頭

1950年以降、第Ⅰ世代の科学的管理による能率向上コンサルティングを提供してきたコンサルティングファームの多くは、その活動を多角化していった。第2次世界大戦後には、新しい時間研究手法が生まれ、広範に利用されていった。この時間研究手法は、アメリカのメイナード（H. B. Maynard）らが開発したMTM（Methods Time Measurement）という、動作の種類と距離で作業時間

を求める方法であり、現在でも工程管理に活用されている。メイナードはコンサルティングファームを通じて、この手法を普及していった。1960年代終わりにはヨーロッパ8ヶ国で330人のコンサルタントを抱えており、西ヨーロッパ最大のアメリカ系コンサルティングファームとなった。テイラーが生み出した能率向上コンサルティングは、テイラーの弟子達やブドー社、そしてメイナード達へと広がっていった。

　しかし1960年半ばから、能率向上コンサルティングの勢いが衰えていった。その主な理由は、導入する企業側が能率向上への興味がなくなってきたことにある。1950年代以降、新しいコンサルティング組織が主役として台頭していった。特にアメリカでは企業合併が盛んに行われたため、ゼネラル・エレクトリック（GE）やAT＆Tなど巨大企業が誕生しており、生産管理や能率向上から、経営戦略や組織構築へと経営課題が変化していった。これまで能率向上を支援してきた能率技師達は工場管理や労務管理だけではなく会計や製品開発、マーケティングなどの企業活動全般に関してコンサルティングを行うようになった。

　新しいコンサルティング組織とは、第Ⅱ世代の主役となる戦略系コンサルティングファームである。第Ⅱ世代の主要戦略系ファームのほとんどは第Ⅰ世代の時に既に創業している。世界で最も古いコンサルティングファームといわれるのが、1886年創業のアーサー・D・リトル（ADL）である。技術開発の委託研究からスタートして、様々なコンサルティングサービスへと広げていった。現在でも技術に強いコンサルティングファームとして位置付けられている。1914年にはブーズ・アンド・カンパニーがシカゴで設立され、多くの大企業の戦略構築や組織改革に携わった。そして1926年に設立されたのが、第Ⅱ世代のトップファームであるマッキンゼー・アンド・カンパニーの前身であるファーム（アカウンタンツ・アンド・マネジメント・エンジニアリング・ファーム）が設立された。当初は能率向上に関わる時間研究や会計監査などを行ってきたが、企業の経営戦略に携わるようになった。

　一方、工場管理や労務管理を出発点とした経営コンサルティングの流れとは別に、アメリカでは会計事務所の一部がMAS（Management Advisory Service＝経営助言サービス）と呼ばれるコンサルティングサービスを広げていった。著

名な会計系ファーム（会計事務所）として、1894年にプライスウォーターハウス（PW）、1913年にアーサー・アンダーセン（AA）が設立されている。会計系ファームは本業の会計監査とは別にコンサルティング部門を強化し、後のITコンサルティングの展開へとつながった。また第Ⅰ世代では、人事系コンサルティングファームも誕生した。著名なファームとして、1878年にワトソン、1943年にヘイコンサルティング・グループ、1945年にウィリアム・M・マーサー、1946年にワイアットが設立された。これら戦略系ファームや会計系ファーム、人事系ファームは数多くの離散や統合を繰り返していった。

　第Ⅰ世代で本格的に誕生したコンサルティングサービスはアメリカやイギリスを中心としながら、ヨーロッパやその他先進国へと普及していった。しかしコンサルティングサービスを利用するのは大企業が中心であり、中小企業による導入はまだまだ少なかった。そして特にアメリカでは行政機関がコンサルティングファームを活用しており、企業の経営管理手法を軍部で生かしていった。逆に当初は軍事目的だったオペレーションズ・リサーチ（OR）は企業や行政部門の経営手法としても活用されていった。

　以上、アメリカを中心とした海外におけるコンサルティング産業の第Ⅰ世代（1910～1950年）の生成と発展経緯について考察してきた。フレデリック・テイラーが生み出した科学的管理によるコンサルティングサービスは1901年の独立開業によってスタートした。テイラーは多くの弟子を育て、多くの企業の能率向上コンサルティングに携わった。テイラーの弟子達は研究者としてテイラーの研究を引き継いだり、コンサルティングサービスをビジネスとして展開していった。弟子の1人であるハリントン・エマースンは、成果報酬に関する独自の方法論をもとに、コンサルティングファームを立ち上げアメリカ各地にオフィスを広げていった。

　またテイラーの弟子ではないが、フランス系移民であるチャールズ・E・ブドーは独自のブドー・システムを考案し、コンサルティングファームを立ち上げた。1918年に技師わずか2名だったが、1931年には技師205名まで増え、ブドー・システム導入工場数も600を超えるまでに成長した（グローバルベース）。1934年時点では21ヶ国でブドー・システムを展開し、国際的なコンサルティン

グファームとして成長を遂げた。ブドー社で活躍した技師達が新たなコンサルティングファームを立ち上げ、現在も残っているファームがある。そしてこの時期には次世代で活躍する戦略系ファームや会計系ファーム、そして人事系ファームも誕生している。

補-2-2　第Ⅰ世代～日本市場

　日本のコンサルティング産業の始まりは、海外市場同様に、1910年代からのフレデリック・テイラーが考案した科学的管理法の導入である。日本のコンサルティング産業の生成については佐々木聡（1998a, 1998b）に詳しい。

(1)　初期の科学的管理法の導入

　日本に科学的管理法がはじめて紹介されたのは、工場法が公布された1911年（明治44年）とされ、安成貞男が科学的管理法について雑誌『実業之世界』で紹介しており、これが文献ベースでの最初の情報提供とされている。テイラーの原書が刊行されたのは1911年であり、科学的管理法は時を待たずして日本で紹介されたことになる。

　1913年にテイラーの著書『The Principles of Scientific Management』の訳本が刊行されている。加島銀行取締役の星野行則（1870-1960）が、欧米視察中にこの原書に出会い、その翻訳権を取得して、直ちに『学理的事業管理法』として翻訳したものである。テイラーの科学的管理法を専門書としてわが国に紹介した最初のものである。彼は加島銀行だけでなく大同生命の発展にも貢献し、明治の女性実業家として著名な広岡浅子氏を支えた。

　時を同じく1913年に池田藤四郎（1872-1929）が、科学的管理法に関する米国視察の研究内容を新聞に連載したものをまとめ、『無益の手数を省く秘訣』として刊行した。これは星野行則の専門書と比べて、内容が平易だったこともあり、当時のベストセラーになった。その後も多くの新聞雑誌で科学的管理法が紹介され、関連本も刊行された。

　1910年代後半から1920年代前半にかけて、高等教育機関における「科学的管理法」に関する講座開設と、専門機関による雑誌の発行によって、科学的管理法に関する知識の普及が図られた。1924年の文部省調査では、科学的管理法

に関する講座または学科を開設していたのは、大学では東京帝国大学、東京商科大学、慶応義塾大学、明治大学、法政大学などであり、実業専門学校では名古屋商工、横浜商工、桐生商工、広島商工などがある。このほか実業中学校レベルでも講座が開設されていた。専門講座を通じて、科学的管理に関する理論や実際的経験を学んだ技術者が輩出されていった。科学的管理に関する最初の専門雑誌は1917年創刊の『能率増進』（エフィシエンシー社）である。他には1923年創刊の『能率研究』（のち『能率増進研究』に改題、能率増進研究会）、1923年創刊の『能率研究』（日本能率研究会）、1924年創刊の『マネジメント』（工政研究会）などがある。このような雑誌を通じて、科学的管理に関する海外先進事例や、日本での現場導入の状況について紹介された。

つまり日本における初期の科学的管理法の導入は、テイラー原書の訳本を初めとした文献、専門講座や専門雑誌の形での情報提供が中心であった。

この初期普及段階と並行して、電気機械や造船といった当時の日本の基幹産業の大手企業は、海外の生産管理を学ぶために、技術者をはじめとする職員の海外派遣を活発に行っている。具体的には、日本電気、芝浦製作所、三菱電機、東京電気などの大企業である。これら企業は外資企業と提携してノウハウ取得に取り組んだ（例えば、日本電気とウェスタン・エレクトリック社、東京電気とゼネラル・エレクトリック、芝浦製作所とゼネラル・エレクトリック、三菱電機とウェスチングハウス社など）。

管理階層の技術職員が海外派遣で習得した知識や実践的経験をもとに、自社工場の現場改善、生産能力向上に取り組んだ。また職員を積極的に海外派遣しなかったとしても、鐘淵紡績や東洋紡績といった紡績大手は、講座などで科学的管理法を学んだエンジニアなどを活用しながら、自社工場での生産能力向上に努めた。

つまり日本の場合、外部コンサルタントを活用することなく、文献知識や講座、海外派遣などの手段で科学的管理ノウハウを吸収しながら、「自前」（社内）で現場改善・生産能力向上に取り組んでいった。

(2) **日本の経営コンサルタントの発祥**

しかし外部学習により自前（社内）で能率向上に取り組めるのは技術者や組

織力のある大企業が中心であり、自前で難しい企業は外部の能率向上専門家に指導を仰いだ。これが日本での経営コンサルタントの発祥といわれている。

　日本の初期の経営コンサルタントとして代表的な人物として、上野陽一（1883-1957）と荒木東一郎（1895-1977）がよく知られている。上野陽一は心理学者であり、1919年から早稲田大学で広告心理学の講義を担当したのが契機となり、産業能率についての研究を本格的に始めた。1920年にはライオン歯磨工場で歯磨の袋詰作業の時間研究と工程管理の研究を行い、作業を流れ作業に切り替えることによって、生産性向上を実現した。その後も中山太陽堂のクラブ洗粉と石鹸の包装作業の生産性向上、福助足袋のミシン加工作業の改善などに取り組んだ。これらの取り組みによって上野の経営コンサルタントとしての評判が高まり、1922年に財団法人協調会が産業能率研究所を設立するにあたって所長として迎えられている。その後、1925年に同研究所が閉鎖されたため、設備と人員を引き継いで、日本産業能率研究所を設立し、引き続き能率研究やコンサルティング、出版・講演、教育などに取り組んだ。

　もう1人の荒木東一郎は、藤倉電線の研究部長を経た後、アメリカの大学で科学的管理法を学んで、1922年に前述の上野陽一とともに、協調会の産業能率研究所の設立に参画した。1923年に「荒木能率事務所」を開設し、独立の経営コンサルティング業を始めた。これが日本で初めての個人による民間コンサルティングファームである。荒木能率事務所では、朝日スレート、大江印刷、千代田機械、日本鋼管などの大手企業の現場改善・生産能力向上の実績を重ねていった。多くの場合、成功報酬形式で契約していた。

(3)　政府主導による能率向上
　日本における科学的管理法の導入は、前述の文献知識や講座、海外派遣などの手段でのノウハウ習得による社内導入と、外部コンサルタントの活用で進んでいった。しかし日本の場合、もう1つの潮流がある、それは政府主導の流れである。民間レベルと政府レベルの2つの潮流で進展してきたが、1940年代には政府主導の流れが中心となっていく。これは日本のコンサルティング産業の発展にも大きく影響してくる。

　政府が科学的管理に目を向けたのは1911年の工場法公布、1916年の同法施行

を契機とする。工場法は工場労働者の保護を目的とした法律である。1916年に農商務省では地方工場監督官のための講習会を開催し、工場管理の知識を深めていった。また海外派遣により海外の生産管理ノウハウの習得に努めた（海外実業練習制度）。つまり民間レベルでの文献知識や講座、海外派遣によるノウハウ習得および外部コンサルタントの活用での科学的管理法の導入と同時期に、政府レベルでも制度整備や人材養成が図られていった。

　政府レベルでの科学的管理の導入対象になったのは、当時の重要な輸出品であった織物業の生産工場である。織物業の生産能率の調査が綿密に行われた。また政府は規格化・標準化に関する施策も進め、1921年に工業品規格統一に関する常設機関として、工業品規格統一調査会を設置した。まだこの時期は科学的管理の認識と現場調査に留まっており、政府による本格的な現場導入には至っていない。

　民間レベルでの科学的管理の導入において、文献知識や講座と併せて貢献したのが能率研究の専門機関である。前述の上野陽一を所長とする財団法人協調会産業能率研究所（1922年）、『無益の手数を省く秘訣』の著者である池田藤四郎を中心とするエフィシエンシー研究会（1917年）、東京能率連合会（1922年）、東京能率技師会・東京能率懇話会（1923年）、日本能率研究会（1923年）などがある。東京以外でも全国各地で、能率研究の啓蒙・普及団体が設立された。

　上野陽一を所長とする産業能率研究所では、1923年に日本能率研究会を発足させて各地の団体との連携を図り、1927年に全国6団体の協議により、日本能率連合会が発足し、全国ネットワークを広げていった。主な活動としては機関紙の発行や全国大会の開催によって情報交流・相互啓発を図っていった。

　ここで着目すべき点は、同連合会に参画した団体の多くは各府県の商工部や商工会議所の一部署、あるいはその支援を得た準公共的性格を有する組織であったことである。つまり第Ⅰ世代の日本のコンサルティング組織の主流は、完全な民間コンサルティングファームではなく、準公的法人格の団体が担っていった。

　1930年代の日本には、産業能率に関する全国組織として、日本能率連合会と日本工業協会の2つがあった。日本能率連合会は前述したように1927年に全国6団体が連合して設けられた全国組織であり、日本工業協会は商工省に設けら

れた臨時産業合理局生産管理委員会の決定事項の普及組織として1931年に設立された政府組織である。この2つの組織は活動基盤も明確に分けながらお互いの主体性を尊重しつつ活動を推進してきたが、日本能率連合会の役員人事に官僚が就任するなど、両団体の連携が進展していった。ついに1942年、政府の強力なバックアップをもとに両団体は統合し、新しい全国的産業能率団体として「社団法人日本能率協会」が発足した。日本能率協会は民間団体ではあるが、名誉会長に当時の商工大臣、役員陣には政府・軍の要人が就任するなど、限りなく公共的性格を有する民間団体である。同協会に期待された役割は、業種の垣根を越えた産業能率・合理化推進であり、工場診断や教育、出版や委員会などの活動が行われた。戦争の長期化に伴い、鉄鋼・機械、特に航空機工業の生産現場改善が主体となっていった。上野陽一をはじめとして民間組織が科学的管理を先導したが、結果的には政府が主導することになった。もちろん日本初の民間コンサルティングファームを設立した荒木東一郎以外にも活躍する民間コンサルタントはいたが、日本能率協会と比べれば活動範囲や影響度は小さいものであった。

終戦直後の1945年12月、工業標準化に関する普及事業を目的とする日本規格協会が設立され、翌1946年には日本のQC運動推進の中心となる日本科学技術連盟が創設された。この2つの組織が戦後の新しいコンサルティング業の先駆的組織となった。いずれも財団法人である。1949年には戦後の新たな能率団体の総合機関として、全日本能率連盟（社団法人）が創設され、会長には上野陽一が就任している。日本規格協会では、戦前の日本標準規格から新たな日本工業規格（JIS）が制定され、その普及事業が開始された。また日本科学技術連盟では品質管理講座やデミング賞実施賞の授与も始められた。

1940年代後半から1950年代後半にかけて、さらにコンサルティング組織が次々と設立された。1948年に社団法人中部産業連盟、1949年に社団法人日本経営協会、1950年に学校法人産能大学、1954年に社団法人中小企業診断協会、1955年に社団法人日本経営士会、1955年に財団法人日本生産性本部などである。特筆すべき点は、これらの団体は設立の経緯も背景、目的も異なるが、公的な法人格であったことである。

(4) 個人コンサルタント制度

戦後、能率向上や生産管理に関する多くの団体が設立・再編と並行して、主に中小企業の経営管理改善を目的とする個人コンサルタントも増加した。戦前は上野陽一や荒木東一郎などに代表される業務改善や生産能力向上に取り組む「能率技師」達である。1951年に、個人経営コンサルタントの初の全国組織「日本経営士会」が発足し、「経営士」という新しい個人経営コンサルタントの呼称も確立された。当初の登録会員数は50名であったが、1991年には約3,600名に達している。

また1948年より中小企業政策の行政措置として実施されてきた中小企業診断は、1952年に公布・施行された産業合理化促進法により法的根拠が付された。診断の種別は個別診断（工場診断・商店診断・鉱山診断）、集団診断（商店街診断・系列診断・産地診断・業種別診断・組合診断）および巡回指導に分けられる。1960年までの診断実績では、個別診断に占める商店診断の比率は約70％、集団診断に占める商店街診断の比率は約64％と高い。これらの診断は中小企業の依頼に応じて、都道府県・政令指定都市の診断員（公務員）とこれに協力する民間コンサルタントによって、無料で実施された。1952年以降、診断員は一定の研修を経た後、通産大臣登録の中小企業診断員として登録された。1959年までにその登録者総数は4,930人に及んだ。同年に登録制度は廃止され、1963年に試験制度強化によって登録要件が強化され、その実施は中小企業診断協会（1954年創設）に委託された。1969年には名称も中小企業診断士と改称された。

日本経営士や中小企業診断士に関する制度の確立は、日本でのプロフェッショナルとしての経営コンサルタント業界の幕開けでもある。ただし、日本経営士についても、中小企業診断士についても、あくまでも"個人"経営コンサルタントに関する制度である。

以上、日本におけるコンサルティング産業の第Ⅰ世代（1910～1950年）の生成と発展経緯について考察してきた。日本のコンサルティング産業の幕開けはアメリカと同じく、1910年代であり、テイラーの科学的管理法の導入がスタートであった。文献による知識の導入、高等教育機関による講座の開設、専門機関による諸雑誌の発行によって、科学的管理の普及が図られていった。また自

ら技術職員を海外提携企業に派遣して実践的知識を習得できる企業は自社内で生産能力向上に努め、そういった組織的能力を持たない企業は外部専門家に指導を仰いだ。この専門家こそが経営コンサルタントである。つまり日本の場合、人的余力・資本余力などがある大手企業は社内で取り組み、その余力がない企業は外部ノウハウを活用するという流れ、つまり大手企業の「自前主義」が大きな特徴である。日本の初期の経営コンサルタントとして、上野陽一と荒木東一郎をあげたが、特に後者の荒木東一郎は日本で初めての個人による民間コンサルティングファームを設立した。

しかし日本のコンサルティング産業はこうした民間コンサルティングファームではなく、社団法人・財団法人といった準公共的性格を有する組織団体が牽引していったところに特徴がある。さらに日本能率連合会と日本工業協会が統合して、日本能率協会が発足したように政府主導で組織再編が進められた。

また日本経営士や中小企業診断士といった個人経営コンサルタント制度も整備されていったが、対象が商店や商店街といった流通が中心だった点、中小企業診断については行政施策として無料で行われていた点などは特筆すべき点である。そして海外では既に登場していた戦略系ファームや会計系ファーム、人事系ファームなどは日本の第Ⅰ世代では登場していない。

補-3 コンサルティング産業の発展経緯（第Ⅱ世代）

本節では、前節の第Ⅰ世代に続いて、コンサルティング産業の第Ⅱ世代（1950～1980年）における、海外市場と日本市場の発展経緯を振り返る。

補-3-1 第Ⅱ世代～海外市場

1950年代以降、企業を取り巻く環境が大きく変化していった。特にアメリカでは企業合併により巨大企業（GEやAT&Tなど）が誕生し、独立した事業部門を本社オフィスが統括するという分権型組織体制を作り上げていった。このような組織構造はのちにM型組織と呼ばれた。企業（特に大企業）の関心が、工場の現場改善や生産能力向上から、経営戦略や組織構築へと移行するにつれて、第Ⅰ世代の主役であった能率向上コンサルティングの勢いが衰え、戦略コンサ

ルティングが台頭していった。もちろん能率技師達も能率向上以外のコンサルティングサービスへと広げていったが、第Ⅱ世代の主役となったのは戦略系コンサルティングファームである。

第Ⅱ世代で活躍する戦略系コンサルティングファームのほとんどが第Ⅰ世代で創業している（1986年にアーサー・D・リトル、1914年にブーズ・アンド・カンパニー、1926年にマッキンゼー・アンド・カンパニーの前身ファーム）。この中で、現在でも"別格"として認識されている名門プロフェッショナル・ファームの地位を築いたのがマッキンゼー・アンド・カンパニー（以後マッキンゼー）であり、そのビジネスモデルは第Ⅱ世代で確立している。

(1) マッキンゼーの誕生と成長

マッキンゼーという社名の起源はシカゴ大学の教授であった創立者のジェームズ・O・マッキンゼー（James O. McKinsry：1889-1937）からきている。会計士であった彼は1926年にマッキンゼーの前身となるアカウンタンツ・アンド・マネジメント・エンジニアリング・ファームをシカゴに設立した。最初から経営戦略に関するコンサルティングを行っていたのではなく、会計知識や経営工学知識を生かした財務会計や時間研究による効率化などを支援していた。1929年の世界大恐慌により大企業の再編が活発化し、USスチールなどの大企業に対して組織再編や買収合併などの戦略コンサルティングを展開していった。同社は順調に成長してニューヨークにもオフィスを置いたが、1937年に彼が亡くなった後、1939年にシカゴとニューヨークのオフィスが分割し、ニューヨークオフィスは「マッキンゼー（McKinsey & Company）」と名乗り、シカゴオフィスはシニアパートナーのアンドリュー・トーマス・カーニーの名前をとり「カーニー（後にA. T. カーニー）」となった。A. T. カーニーは現在でもグローバルな戦略系コンサルティングファームとして活躍している。

(2) マービン・バウワーの功績

マッキンゼーが現在の名門プロフェッショナル・ファームの地位を築いたのは、1933年に入社し、のちにマッキンゼーのトップとなったマービン・バウワー（Marvin Bower：1903-2003）の功績が大きい。バウワーはハーバードビジ

ネススクールを卒業した後、法律事務所を経て、同社に入社し、すぐに頭角を現した。

　創立者の死後、マービンはマッキンゼーのトップとして、次の５つのビジョンを示した。①顧客のニーズに対応するため主要都市にオフィスを置き全国展開すること、②職業倫理をはじめとする価値観を共有し、ファームとしてのアイデンティティを共有すること、③高い専門能力を持つ意欲的な人材を集めて育てて、安定的な報酬を保障すること、④自己満足をいましめ、常に外部要因に注意を払うこと、⑤後継世代のリーダーを育て、ファームが恒久的に存続できるようにすること、である。プロフェッショナルとしての職業規範、そしてプロフェッショナル・ファームとしての継続成長について明確化した。

　またコンサルティング報酬の算出方法も大きく変えた。それまでのコンサルティング業界の報酬算出は、コンサルタントの稼働日数ベースで報酬を請求するのが中心であった。それが会計事務所などの慣行だったからだ。また能率向上に関するコンサルティングでは成果報酬の仕組みもあった。しかしマービンは自分たちが提供する価値は時間数では測れないと考え、稼働時間での請求方式ではなく、提供価値の対価を請求するという契約時に総額を決める一括請負方式とした。マッキンゼーが実行した報酬方式の転換によって、コンサルティング料の水準は上がった。当時のコンサルティング報酬の水準の高さを証明するのは難しいが、1940年代に、マッキンゼーは調査案件で１万ドル、コンサルティング案件で８万ドル、10万ドルという金額を顧客に提示している。現在の貨幣価値で、数千万から数億円といった金額をコンサルティングの価値として提示していたことになる。

　また彼は「ワンファーム・ポリシー」というマネジメントスタイルを徹底した。これは現在のマッキンゼーでも徹底されており、他のグローバル展開しているコンサルティングファームも同様のスタイルを導入している。ワンファーム・ポリシーとは、顧客にいつでもどこでもマッキンゼーのコンサルティングサービスを提供するうえで、仕事のやり方も報酬基準も、コンサルタントの服装・言葉遣い、オフィスのレイアウトや報告書、レターヘッドに至るまですべてを統一することを定めたものだ。これは全米だけでなく、世界中のマッキンゼーで徹底しなければならない。

補章　日本のコンサルティングサービス発展の考察　165

さらに彼は採用方針も大きく改革している。創業当初のマッキンゼーは経験者を採用する方針をとっていたが、彼は1953年にビジネススクール卒（MBAホルダー）の新卒採用方針を打ち出した。彼自身もハーバードビジネススクールを卒業しており、経営について体系的に学んだ若者を分析手法や研修を通じて戦力化していった。顧客に"先生"と呼ばれる年配のコンサルタントが中心だった業界から、高度な分析により問題解決を導く若手のコンサルタントが活躍する業界へと大きく変わった。MBAホルダー比率は高まり、1950年にはMBAホルダーが全体の80％に達している。

これらバウワーの功績は同社だけでなく他の大手戦略系コンサルティング・ファームのマネジメントスタイルの基礎となっている。

(3)　マッキンゼーの海外進出

　1950〜1959年にかけてマッキンゼーの売上規模は2倍以上に拡大したが、同社の更なる成長につながったのは、1959年からの海外進出である。同社以外の戦略系コンサルティングファームは海外進出、特に西ヨーロッパへの展開を進めていった。その背景にはアメリカ企業の経営環境の大きな変化がある。第2次世界大戦以降、アメリカ企業にはグローバル展開の機運が高まり、ヨーロッパに支社を設立するケースやヨーロッパ企業を買収するケースが増えていき、海外案件についてマッキンゼーをはじめとしたコンサルティング・ファームに依頼するようになった。

　当初、マッキンゼーは海外展開に消極的だった。アメリカ内で順調にビジネスが拡大している中、貴重なリソース（人材）を流出させることに危惧を抱いたからだ。またヨーロッパ企業は金を払ってコンサルティングサービスを受ける習慣がない、同族経営の会社が多いためマッキンゼーの特徴であるトップマネジメントアプローチになじまない等の反対意見があった。ただマッキンゼーの躊躇以上に、顧客側の国際化は目覚ましく、顧客からの海外調査などの依頼が増えていった。1956年にヨーロッパの大企業、ロイヤルダッチ・シェルから仕事を依頼されたことで、マッキンゼーの本格的な海外展開がはじまった。

　1959年に初の海外オフィスとして、ロンドンオフィスを開設した。アメリカからコンサルタントを送り込み、ワンファーム・ポリシーも貫いた。コンサル

ティング料金もアメリカ並みを請求した（イギリスのコンサルティングファームの10倍の料金水準ともいわれた）。進出当初はマッキンゼーの知名度も低く、なかなか軌道に乗らなかった。ヨーロッパには（特にイギリス）著名なコンサルティングファームがいくつかあり、マッキンゼーとはスタイルが違い、マッキンゼーのサービス内容は理解されづらかった。当初はアメリカ企業のヨーロッパ進出関連の案件、イギリス支社などの案件からはじまり、イギリスの大企業の案件を受託するようになっていった。化学大手ICI、造船・鉄鋼大手のビッカーズ、イギリス郵政公社、ロールスロイス、食品大手ユナイテッド・ビスケッツ、イギリス銀行、BBCなど、いずれもマッキンゼーの評判で引き合いが続いていった。イギリスのトップ100社のうち32社がコンサルティングファームを導入していたが、このうち22社がマッキンゼーを使うまでになった[8]。

その後、1961年にジュネーブ、1962年にメルボルン、1963年にクリーブランド、1964年にアムステルダム、デュッセルドルフ、パリにオフィスを開設した。1964年には女性コンサルタントを初めて採用している。その後も同社の海外展開の勢いは増し、1969年にはミラノ、1970年にはメキシコシティにオフィスを開設し、1971年に東京とシドニーにオフィスを開設している。その後も1980年までに、コペンハーゲン、スタンフォード、カラカス、ダラス、ミュンヘン、サンパウロ、ヒューストン、ハンブルク、マドリッド、アトランタ、フランクフルト、ブリュッセル、ストックホルムとアメリカ主要都市はもちろん世界の主要拠点にオフィスを開設した（現在は閉鎖しているオフィスもある）。1977年時点で、同社のヨーロッパの支社ネットワークは10拠点、コンサルタントの数も1950年に84人、1960年に145人、1970年に535人と急激に増加している。第Ⅱ世代において、同社のヨーロッパでの収入は全体の3分の1以上を占めていた。1970～1973年におけるマッキンゼーの依頼内容別分布（グローバル合計）は、企業戦略と市場戦略で約半分を占めていた。それ以外は収益性改善、組織改善、経営情報システム、給与体系などである[9]。

マッキンゼーの活躍を紹介した1978年の『エコノミスト』の記事によると、同社の顧客は民間企業ではフォーチュン誌番付でアメリカ500社中約140社、アメリカを除く世界の500社中約100社、アメリカの銀行50社中13社、アメリカ以外の世界の銀行50社中10社にまで広がっている。政府機関についても、23ヶ国

補章　日本のコンサルティングサービス発展の考察　167

73機関から依頼されている。

　第Ⅱ世代においてマッキンゼーをはじめ、戦略系コンサルティングファームが積極的にグローバル展開（特に西ヨーロッパ）したのは、アメリカ企業の海外進出が著しく、その支援のために必要だっただけでなく、戦後のヨーロッパ企業が様々な経営課題にぶつかっていたためである。当時のヨーロッパ企業は事業拡張や多角化に関する経営課題に直面しており、アメリカのコンサルタント達は自国での経営ノウハウ（アメリカ式経営）をヨーロッパに持ち込んだ。マッキンゼー、ブーズアレン・アンド・ハミルトン、アーサー・D・リトルは「アメリカ式経営」を急速に拡大させていった。しかし3社とも同じコンサルティングサービスを提供していたわけではない。ブーズアレン・アンド・ハミルトンは生産管理システム、アーサー・D・リトルはオペレーションズリサーチを得意とした。アメリカのコンサルタント達がヨーロッパ企業に導入した最大の経営テーマは、かつてアメリカ企業が導入した分権型組織、M型組織である。マッキンゼーは1960年代の多くのイギリス、フランス、ドイツの企業に分権型組織などを導入することに重要な役割を果たした。

　1960年代に、マッキンゼーをはじめとした戦略系コンサルティングファームはヨーロッパのコンサルティングマーケットで重要なポジションを獲得していった。それはビジネス面以外でも大きな影響を与えた。ヨーロッパのコンサルタント達は、マッキンゼーのコンサルタントの洗練されたスタイル（服装やライフスタイル等）を真似した。

(4)　その他の戦略系コンサルティングファームの活躍

　現在でもマッキンゼーとともに名門プロフェッショナルファームの地位を確立しているのが、ボストンコンサルティンググループ（以後BCG）である。BCGはアーサー・D・リトル出身のブルース・ヘンダーソンが1963年に設立したコンサルティングファームである。BCGは企業戦略に特化し、イノベーティブな手法を次々と開発してビジネスを拡大させていった。例えば、コストと生産量の関係を考察した経験曲線（Experience Curve）や経営資源の最適配分を導くPPM（Product Portfolio Management）は同社が提唱したものであり、現在でもよく知られている。1973年のオイルショックでアメリカ経済は大打撃を受

け、事業の集中・再編のために、このPPMを用いたコンサルティングが注目された。同社は1966年の東京オフィス開設を皮切りに世界各国に進出していった。

　第Ⅱ世代ではBCG出身のコンサルタントが設立したファームも活躍した。BCG出身のローランド・ベルガーは1967年に自分の名前を冠したコンサルティングファームを設立し、ドイツ最大のコンサルティングファームへと育てた。同じくBCG出身のビル・ベインらは1973年にベイン・アンド・カンパニーをボストンに設立した。同社は成果を重視したコンサルティングを追求した。

　現在もグローバルで活躍している戦略系コンサルティングファームのほとんどはこの第Ⅱ世代までに設立されている。これら戦略系ファームの活躍は大手会計事務所系のITコンサルティングサービスが台頭する1980年代末まで続いた。また第Ⅰ世代に設立された人事系ファームも離散や合併を繰り返していった。

(5)　**大手会計事務所によるITコンサルティングの誕生**

　1970年代後半から欧米の大企業は日本やアジア諸国の競争相手の出現によって新しい展開を迫られた。ITの発展によってネットワーク型組織の管理をするために必要なデータが瞬時に入手できる環境の整備が求められた。そこで台頭したのが大手会計事務所である。既にアメリカでは会計事務所の一部がMAS（Management Advisory Service＝経営助言サービス）と呼ばれるコンサルティングサービスを広げていた。会計事務所は顧客の経営状況を熟知しており、コンサルティングサービスを提供しやすい立場にあった。

　まず大手会計事務所のアーサーアンダーセンが、1947年に世界で初めて汎用コンピューターを企業会計に導入して、会計業務効率化を図った。他の会計事務所も追随し、コンピューターの性能向上や価格低下が進み、多くの企業がコンピューターを導入していった。コンピューターによる業務効率化は会計だけでなく、在庫管理や工場管理、物流管理、販売管理、人事管理など、様々な分野に広がっていった。大手会計事務所はコンピューター導入による業務効率化を積極的に展開していった。これがITコンサルティングの始まりである。

　アーサーアンダーセンは、1952年にゼネラル・エレクトリック社の給与・資

材管理システムを構築するなど大企業受託実績を重ね、ITコンサルティング市場を牽引した。1960年代には同社の売上の20%をコンサルティングビジネスが占めていた。他の大手会計事務所（当時は8大会計事務所「ビッグエイト」と呼ばれた[10]）もコンサルティングの売上比率を高めていった。第Ⅲ世代では会計業務とコンサルティングサービスの分離を経て、ITコンサルティングビジネスは大きく成長していく。

補-3-2 第Ⅱ世代〜日本市場

第Ⅰ世代の日本においては準公共的性格を有する組織団体がコンサルティング産業を牽引していたが、第Ⅱ世代に入り、多くのコンサルティング・プレイヤーが参入している。その背景には1955~1974年にわたる日本の高度経済成長がある。

(1) ボストンコンサルティンググループの日本参入

欧米、特に米国で活躍した戦略系コンサルティングファームは第Ⅱ世代に日本に参入している。日本への参入が最も早かったのはボストンコンサルティンググループ（以後BCG）である。米国BCGの設立は1963年だが、わずか3年後の1966年に東京にオフィスを開設している。ちなみに東京は本拠地ボストンに次ぐ、世界で2番目のオフィスである。1960年代は高度経済成長真っ只中であり、魅力的な市場に映ったと思われる。東京オフィス開設時に初代日本代表に就任したのはジェームズ・アベグレン（James C. Abegglen, 1926-2007）氏であり、以前より日本的経営に関心を持っていた。その後、外国人の代表が3人続き、1989年に日本人初の代表となったのが堀紘一氏（現ドリームインキュベータ代表取締役会長）である。堀氏は1989年から11年間、BCG日本の代表を担った。残念ながら堀氏が活躍して名を馳せたのは代表となった1989年以降のため、第Ⅱ世代（1950〜1980年）ではない。第Ⅱ世代におけるBCG日本の軌跡は文献でもほとんど見つけることはできない。堀氏が著書などで語るBCGでの経験をもとに推察していくことにする。

彼は著書で「日本ではその存在すら知る人が稀だった1970年代に、アメリカでは早くも経営コンサルタントが2番目に金になるプロフェッショナルだっ

た」と述べている[11]。つまり1970年代(堀氏がハーバードビジネススクールに留学していた頃)、アメリカでは経営コンサルタントがインベストバンカーや弁護士、医者、公認会計士と並んだ憧れの職業だったが、日本では経営コンサルタントは憧れの職業どころか存在すら知られていない職業だった。よって1966年に東京オフィスを開設してから、コンサルティングサービスが認知されるのに非常に苦労したと推察される。

初代日本代表アベグレンは、日本で認知されるために、1970年に東洋経済新報社から一気に3冊の書籍『企業成長の論理』『経営戦略の構図』『日本経営の探求』を刊行している。彼は経営学者でもあり、日本的経営研究の大家でもあった。彼はBCG東京オフィス開設以前にフォード財団研究生として来日しており、1958年にダイヤモンド社から刊行した、終身雇用・年功序列・企業内労働組合の三本柱を軸とする著書『日本の経営』がベストセラーとなっている。アベグレンは日本の経営手法や経営習慣に熟知していた稀有な人物であり、在外企業が日本進出する際には頼りになったと思われる。1980年代にシティ・バンク日本法人がプライベート・バンキングの立ち上げに際して同社にコンサルティングを委託している。

1989年に日本人初の代表となったのが堀氏は、著書で「私がBCG(日本)を引き受けたときは社員40名程度でまったく無名の赤字会社だった」と述べている[12]。さらに「経営コンサルタントはいまでこそ日本で市民権を得ているが、当時は一般にはまだよく知られてなかった。たまたまその存在を知っている人にもなんだかよくわからない胡散臭い奴ら程度の認識でしかなかった。」「営業に行って"ボストンコンサルティンググループの堀と申します"と挨拶すると、担当者から"ウチではボストンバッグは要りません"と言われたりした。ウソのようなホントの話である。」と述べている[13]。堀氏は社長になる前も、大企業に片っ端から電話をかけまくって、コンサルティングを売り込むために社長とアポイントをとっていたそうだが、顧客獲得に非常に苦労したようだ。1966年に日本に参入して20年以上たっているにもかかわらず、BCGの日本における知名度・ブランドは低く、業績も芳しくなかったことがわかる。

(2) マッキンゼーの日本参入

マッキンゼーが東京にオフィスを開設したのは1971年であり、BCGより5年遅れて日本に参入している。それまではサンフランシスコオフィスが日本を担当していたが、日本の大企業からの受注があったこともあり、日本参入が決定した。同社の海外進出は1959年のロンドンからであり、1971年の日本参入は遅かったといえる。BCG同様に第II世代におけるマッキンゼーの日本での軌跡は文献でもほとんど見つけることができない。よって1979年に日本支社長に就任した大前研一氏が著書などで語るマッキンゼーでの経験をもとに推察していくことにする。

東京オフィス開設時の1971年でコンサルタントはまだ数人しかおらず、6年後の1978年の段階でもコンサルタントは12人(日本人が11人、外国人が1人)しかいなかった[14]。この日本人コンサルタント11人のうちの1人が後に日本支社長となる大前氏であり、東京オフィス開設翌年の1972年に入社している。マサチューセッツ工科大学で工学博士を取得し、日立製作所で原子力の研究に2年ほど関わった後である。

彼はマッキンゼー入社直後のことを著書で「最初は何をやる会社なんだろうと思ったんだよ。コンサルティングって、どうゆうことやるのかな、と。当時はマッキンゼーのやっているコンサルタントなんて、日本では誰も理解していなかったからね。」「そこ(マッキンゼー)では、破格のコンサルティング料を企業にいただいているから、何かしら価値を生まないと追い出されるという強迫観念の下で仕事をしてきた。」「コンサルタントという仕事もまだ海のものとも山のものともつかなかった。いわばゴミのようなものだった。」と述べている[15]。1972年当時、世界ではトップ・コンサルティングファームだったマッキンゼーだったが、日本では知名度がとても低く、順調に案件が受託できなかったと推察される。1981年に大阪に支社を出しているが、後に撤退している。コンサルティングファームの顧客名が通常公開されることはないが、当時の顧客は日本に支社を持つ在外企業以外では、日本航空、三菱重工業が知られている[16]。本国および他の海外拠点同様に、高額なコンサルティングフィーを払える大企業をターゲットにしていたと推察される。

大前氏が日本支社長に就任したのは1979年であり、彼およびマッキンゼーの

認知度が高まっていったのは1980年代のことである。同社は経営指南書や経営者向け講演を積極的に行い、1973年に同社刊行物の訳本『トップマネジメントの経営戦略』を出版、大前氏は『企業参謀（1975）』『マッキンゼー現代の経営戦略（1979）』『平成維新（1989）』などの著書を次々と出版し、経営戦略について提言を行った。

(3) 他の戦略系コンサルティングファームの日本参入

第Ⅱ世代において、BCGおよびマッキンゼー以外の戦略系コンサルティングファームで日本に進出したのは、1972年にA. T. カーニー、1978年にアーサー・D・リトル、1981年にベイン・アンド・カンパニー、1983年にブーズアレン・アンド・ハミルトンである。欧米の主要な戦略系コンサルティングファームが日本に進出しているが、マッキンゼーの大前研一氏、BCGの堀紘一氏のような著名な日本人コンサルタントの名前が挙がってこず、日本に拠点を持つもしくは日本に進出する在外企業は別として、日本企業からの受注には苦戦したと推察される。

(4) 大手会計事務所のITコンサルティング

海外市場同様に第Ⅱ世代の日本において、大手会計事務所がITコンサルティングサービスの提供を始めている。海外市場でITコンサルティングを牽引した大手会計事務所の1つ、アーサーアンダーセン（AA）が日本に進出したのは1962年である。日本の高度経済成長が魅力的だったからだ。同社は日本事務所開設前に7人の日本人を採用し、シカゴで2年間の研究を行った。事務所開設当初は会計監査・税務サービスを提供したが、4年後の1966年から、ITコンサルティングサービスを開始した。しかし当時は業務効率化のためにコンサルタントを雇う習慣がなかったこともあり、受注には苦戦していた。特にコンピューターの導入による業務効率化はイコール人員削減と捉えられてしまうケースもあったようだ[17]。1970年にトリオ（現ケンウッド）、オリエント・リース（現オリックス）、トミー、ヤマハ発動機といった日本の大手企業の情報システムを手がけるようになり、コンサルティング部門は勢いを増してきた。1970年代後半には都市銀行の第3次オンライン計画が具体化し、金融システムの開

発に積極的に関わっていき、そこからサービス業や官公庁へと対応業種を拡大させていった。アメリカでは1960年代にAAの売上の20％をコンサルティングサービスで稼ぎ出しており、ITコンサルティングの本格化は、日本はアメリカに比べて少なくとも10年は遅れていたことになる。

　他の大手会計事務所も日本に参入している。プライスウォーターハウスは1949年に、KPMGは1954年に、日本に拠点を開設し、会計監査・税務サービスからITコンサルティングへとサービスを広げていった。AAも含めた大手会計事務所のコンサルティング部門（ITコンサルティングサービスの提供）は益々売上を高め、第Ⅲ世代ではコンサルティング部門が次々と独立し、グローバルベースでの激しい合併再編が繰り返され、日本市場も影響を受けた。

(5) 民間シンクタンクの台頭

　第Ⅱ世代で一気に台頭したのが「民間シンクタンク」である。民間シンクタンクとは主に大手金融機関を母体とする「総合研究所」である。シンクタンクは20世紀初頭に欧米では既に設立されていたが、主な役割はグローバルベースの経済研究や政策提言、軍事や航空宇宙など国家戦略に関わる技術開発などが中心である。著名な海外シンクタンクとして、バテル記念研究所、SRIインターナショナル、ブルッキングス研究所（以上アメリカ）、国際戦略問題研究所（イギリス）、フランス国際関係研究所（フランス）、IFO経済研究所（ドイツ）がある。海外シンクタンクの多くは非営利法人であり、国や企業からの受託収入もあるが、活動内容を支持する個人・団体からの寄付もある。営利目的ではなく、国家や社会、産業にインパクトを与える研究開発に取り組んでいる。一方、日本初のシンクタンクは非営利法人ではなく、特定の大手企業と紐づいた営利法人（株式会社）であり、民間シンクタンクと呼ぶのが適切である。

　1965年に野村総合研究所、1969年に日本総合研究所、1970年に三菱総合研究所、1985年に三和総合研究所、1989年に大和総合研究所や富士総合研究所など、主に大手金融機関を母体とする民間シンクタンクが次々と台頭し、シンクタンクブームとも揶揄された。最大規模を誇るのは1965年に本格的な株式会社形態の総合シンクタンクの第1号として、野村證券調査部を母体として設立された野村総合研究所である。翌年には万国博覧会調査という大型プロジェクトを受

託し、設立4年目の1969年には売上高は10億円に達している。

　日本のシンクタンクは大きくリサーチ部門、情報システム部門、コンサルティング部門に分かれており、重点分野や事業構成は各社によって大きく異なる。しかし設立当初の目的は（各社によって異なるが）技術研究、政策提言、情報システムの三分野での活動であり、純粋なコンサルティングサービスの割合は小さく、むしろ大手会計事務所が牽引したITコンサルティング分野の割合が増えていった。

(6) 独立系コンサルティングファームの台頭

　第Ⅱ世代では多数の独立系コンサルティングファームも台頭した。大手企業系列ではない日本出自のコンサルティングファームであり、日系ファームとも呼ばれる。1956年に日本コンサルタントグループ（設立時の社名は販売促進研究所、1963年に社名変更）、1957年にタナベ経営（設立時の社名は田辺経営相談所、1986年に社名変更）、1964年にビジネスコンサルタント、1967年にビジネスブレイン太田昭和、1968年にジェムコ日本経営（設立時の社名は日本経営合理化センター、1978年に社名変更）1970年に船井総合研究所（設立時の社名は日本マーケティングセンター、1985年に社名変更）。

　日本コンサルタントグループは設立当初の社名「販売促進研究所」からもわかるように流通業の販促強化に強みを持ってきた。タナベ経営は中小企業経営者の会員制組織を組織化し、講演や経営相談などを行ってきた。ジェムコ日本経営は、設立当初は作業管理や作業改善を中心とし、第Ⅰ世代で日本のコンサルティング産業の中心組織となった全日本能率連盟の認定コンサルタント（マネジメントコンサルタント）が多数所属していることを訴求している。船井総合研究所は主に商業分野の売上向上に強みを持ってきた。

　日本のコンサルティング産業の第Ⅰ世代では、準公的法人格を持ったコンサルティング組織が中心であったが、財団法人日本生産性本部および社団法人日本能率協会からコンサルティング部門を独立させた株式会社日本能率協会コンサルティングが引き続きコンサルティングサービスを提供した。

　第Ⅱ世代において、戦略系ファーム、大手会計事務所、民間シンクタンク、

独立系コンサルティングファームなど多くのコンサルティングファーム組織が台頭したが、海外市場のように戦略系ファームが第Ⅱ世代の中心ではなく、中小企業診断士など個人経営コンサルタントも含む"群雄割拠"時代だったといえる。

補‐4　考察（日本のコンサルティング産業の発展の遅れ）

　本節では、第Ⅰ世代（1910～1950年）および第Ⅱ世代（1950～1980年）において、日本および海外のコンサルティング産業の生成と発展経緯を振り返りながら、日本はアメリカと並ぶ経済先進国にもかかわらず、「日本のコンサルティング産業の発展が遅れてきた」背景と原因について考察していく。分析対象に第Ⅲ世代を含めなかったのは、1980年から始まった第Ⅲ世代は現在も続いており、結論を出すのは尚早だからである。ただし第Ⅲ世代の動向や新しい動きについては次節にて考察する。

補‐4‐1　第Ⅰ世代の考察

　第Ⅰ世代における日本のコンサルティング産業の遅れについて考察した先行研究として、佐々木（1998a，1998b）と平井（1952）がある。

　佐々木（1998b）は、「1960年代までに設立された主要なコンサルティング組織の多くに共通することは公益法人ということであり、それが日本のコンサルティング業界のなかで有力な地位を占めていたことが特徴の1つ」と言及している。さらに「日本のコンサルティングファームが長い間、公益法人として枠内での活動を余儀なくされたこと」「今日の日本のコンサルティング業の特徴は、ある程度までその歴史的なプロセスに規定されているといえよう」とも述べている。日本のコンサルティング産業の特徴について言及はしているが、発展の遅れを指摘しているわけではない。

　一方、平井（1952）は、「我が国の状況を観ると、（日本のコンサルティング産業は）アメリカに較べて著しく立ち遅れの感を抱かざるを得ない」と明確に指摘している。平井は「著しく立ち遅れ」の原因を、「能率運動の大部分が公益的事業の名目によって遂行されていた」と指摘している。そして「財源や公的

補助金によって事業を運営し、コンサルティング事業が採算的に成り立つか否かは度外視した」「指導側は尊敬を以って迎えられたが、その効果が適正に検証されていたわけではない」「従って指導内容が何らかの効果を伴わない場合があっても、その事業継続の可能性に何等かの影響を及ぼさなかった」としている。

そもそも日本で公的法人格のコンサルティング組織が誕生した背景は、戦前・戦中期の産業振興、いわば国際競争力のある産業を育成・支援する担い手を求めたからである。20世紀前半は軽工業、特に繊維・紡績業の生産性向上による国際競争力をつけることが国家使命であった。

公的法人格のコンサルティング組織がその担い手となることで、どんな影響があったかを考えてみる。プラス面では、政府予算でコンサルティングが行われるため、導入企業側の金銭的負担が少なかったこと、コンサルティング組織として採算や継続性を考慮しなくてよかった点である。マイナス面では、対象業種や対象企業規模、コンサルティングテーマも政府方針に基づいており、ビジネスの自由度が少なかった点をあげることができる。また企業が無償または安価に経営ノウハウを導入できるため、民間コンサルティングファームが育たなかった点、コンサルティングサービスとは高額報酬を伴う知的生産サービスであることが認知されなかった点、サービス開発や人材育成、プロモーションなどコンサルティング組織間の競争原理が働かなかった点も、マイナス面である。これらのマイナス面が、第Ⅰ世代において、海外と比較して日本のコンサルティング産業の発展が遅れた原因といえる。それが第Ⅱ世代以降にも影響を与えたと考えられる。

また公的法人格のコンサルティング組織の存在以外にも、日本のコンサルティング産業の発展の遅れにつながる原因があげられる。

⑴ **長い座学期間**

テイラーは1901年に独立開業している一方、日本で初めて民間コンサルティングファームが設立されたのは1923年の荒木能率事務所であり、そこには約20年の差がある。その背景には、日本の産業革命が欧米先進国より遅く始まっていること、科学的管理の文献導入期間が長かったことがある。まず欧米の産業

革命は18世紀後半から19世紀前半に始まったのに対して日本は19世紀末と遅く、能率向上を必要とする大企業の登場も遅れてしまった。次にテイラーの主著『科学的管理の諸原理』の訳本が1912年に刊行されてから1920年代まで日本では長い文献導入期間が続いた。その後も高等教育機関による講座や専門雑誌による座学期間が長かった。結果的に民間コンサルティングファームの登場まで約20年の遅れが生じてしまった。

(2) 十五年戦争による海外知識移転の後退

十五年戦争とは1931年の満州事変から1945年の連合国への降伏までの期間を意味しており、日本は統制経済や戦時体制となり、海外からの知識移転や国際化が著しく遅れてしまった。

実は1920年代において、海外から著名な経営コンサルタントが多数来日している。1924年にはテイラーの主な弟子の1人であるバースが来日し、科学的管理に関する講演を行った。また1928年には国際的なコンサルティングファームを築いたブドーが来日し、1929年にはエマースンが来日して日本各地で講演を行うとともに日本企業の工場コンサルティングにも従事した。同じく1929年にテイラーの弟子の1人、ハダウェイも来日して、視察や講演、コンサルティングを行った。しかしこの海外からの知識移転は1931年の満州事変とともに幕を閉じ、ブドーやテイラーの弟子達が日本に拠点を持つことはなかった。もし十五年戦争がなければ、ブドーやテイラーの弟子達によるコンサルティングビジネスが広がったかもしれない。

(3) 日米の経営知識移転方式の違い

アメリカでは19世紀後半時点で、経営者が経営に関するアドバイスを会計事務所や広告代理店など外部専門家に求め、20世紀に入ってからは経営コンサルタント（ファーム）にその役割を求めるようになった。一方、日本では能率向上に関する経営知識は文献や講座といった座学で学び、自ら現場に導入していった。そして大企業は技術者を海外に派遣して直接学ばせた。技術者を海外派遣していない企業でも、講座などで科学的管理を学んだエンジニアを活用していた。つまり日本企業は、アメリカ企業のように外部コンサルタントを活用

するのではなく、自社社員を養成して能力向上に取り組むという「自前主義」（内部教育または教育された人材を社員にする）だったといえる。

ただ当時、外国人技術者を招いて技術移転を行うという「外国人お雇い方式」もあったが、報酬は公務員の約20倍だったこともあり、コスト面で自前社員の養成を優先したと推察される。

(4) **日米の経営コンサルタント制度の違い**

日本に初めて経営コンサルタント制度が確立したのは、1951年の「社団法人日本経営士会」の発足である。幾度の戦争によって日本の企業経営は弱体化しており、先進の経営管理技術を取り入れるために、制度としてマネジメントコンサルタント制度の確立が必要と、経済安定本部（後の経済企画庁）や通商産業省（現在の経済産業省）が提言した。政府主導で、マネジメントコンサルタント制度が生まれたことになる。日本経営士会の会員は試験制度による合格者（経営士）で構成され、習得すべき能力や知識、職業倫理が明確になり、能力研鑽に継続的に取り組む機会にも恵まれた。

しかし日本経営士会はコンサルティングファームの集団ではなく、個人経営コンサルタントの集団である。日本経営士会の設立に準備委員として関わった平井（1952）は、「経営士会は個人の団体となっており、必ずしも好ましいことではない。経営士の業務を本格的に行うとすれば、多人数が、団体或いは法人を結成して、組織を有して、集団として業務を行う必要があるのである」と指摘している。そして経営士会を法人の組織としなかったのは「わが国の有数なる経営士事務所は研究所或いは協会の形となっている。また国立または公立の研究所、或いは指導所として業務を行っている例が多い」からとも指摘している。一方、アメリカでも経営コンサルティング団体がいくつか誕生したが、著名なものに1932年に設立されたアメリカ経営士協会ACME（Association of Consulting Management Engineers, INC.）というコンサルティング団体がある。職業倫理の遵守とプロフェッショナルの業務能力の向上を目的とした点では日本経営士会と似ている。しかし両者が大きく違うのは、ACMEは個人経営コンサルタントの団体ではなく、複数のコンサルタントを擁するコンサルティングファームの団体という点である。参画時期は不明だが大手戦略系コンサル

ティングファームであるマッキンゼーやA.T.カーニーもACMEの会員である。
　政府主導で個人経営コンサルタント制度が設立されたものの、コンサルティングファームの組織団体が存在しなかった点も、日本のコンサルティング産業の発展の遅れにつながったと思われる。

(5)　中小企業向けの経営指導方法の違い

　中小企業を対象とした経営指導制度として、1948年に中小企業診断制度が政府主導で発足して、診断員が実際に工場や店舗を訪れて、工場診断や商店診断を行った。公的診断のため無料で実施された。一方、1950年前後のアメリカでも、政府が中小企業を経営指導する制度が存在した。アメリカ商務省は全国を42に区分して、中小企業係を置き、3～5人の経営コンサルタントを常置し、中小企業に対する経営指導を無料で実施していた。指導内容は生産原価または営業経費削減、市場調査、企業の見通し、販売促進・企業経営の諸問題などである。ただ日本と異なるのは、来訪・電話・文書のいずれかで診断を行い、実際に訪問することはなかった。

　日米の中小企業向け経営指導制度を比較すると、実際に診断員が訪問指導する日本のほうが手厚い。この公的サービスの充実さは、中小企業にもコンサルティングサービスの活用が広がらなかった要因の1つといえる。

(6)　コンサルタントのステイタスの違い

　第Ⅰ世代において、日米で経営コンサルタントのステイタスが明らかに異なっていた。アメリカでは経営コンサルタントはかなりの高給取り、憧れの職業であった。平井（1952）によると、前述のACMEに加盟するコンサルティングファームに勤務するコンサルタントは年俸で7,500～3万ドル（月600～2,500ドル）だったという。当時、アメリカの生産工場の従業員の平均月収が240ドル、商店関係195ドル、銀行関係190ドル、両替証券関係320ドル、映画関係370ドル、官公庁関係375ドル、月給生活者の総平均が312ドルであることを考えると、かなりの高給取りであることがわかる。

　一方、日本における職業としてのコンサルタントとしてのステイタスはアメリカほど高くはなかったと推察される。平井（1952）は「我が国には職業とし

ての経営士（経営コンサルタント）は確立していない」「（経営士制度の確立によって）コンサルタントが職業として一本立ちする可能性が出てきたことは喜ばしいが、かろうじて生活し得る程度になったというだけの事で、弁護士、建築士等と同列になったと云うことではない」と言及している。そして暫くは「我が国のコンサルタントは清貧を覚悟しなくてはならない」とも言及している。当時の具体的な経営コンサルタントの収入は不明だが、公認会計士や税理士を兼務している場合はともかく、アメリカのような高給取りではなかったことは確かだ。少なくとも当時のコンサルタントは報酬面では魅力的な職業ではなかったと推察される。

以上、第Ⅰ世代における、日本のコンサルティング産業の発展の遅れとして、公的法人格のコンサルティング組織が中心であったという要因以外にも、長い座学期間、十五年戦争による海外知識移転の後退、日米の経営知識移転方式の違い、日米の経営コンサルタント制度の違い、中小企業向けの経営指導方法の違い、コンサルタントのステイタスの違い、の6つの要因を説明してきた。これらの要因が複雑に絡み合って、コンサルティングサービスのビジネスマーケットが確立しなかった、つまり日本のコンサルティング産業の発展の遅れにつながったといえる。

補-4-2　第Ⅱ世代の考察

第Ⅱ世代において、1971年に中小企業庁がコンサルティングファームおよび企業のコンサルティングサービスの利用状況を調査している[18]。調査対象はコンサルティングを主たる業務とする企業500社と、上場企業および中小企業庁合理化モデルに指定された企業1,377社（資本金1,000万円以上・従業員100人以上）であり、コンサルティングサービス提供側とコンサルティングサービス利用側の両方を同時に定量的に調査している。調査結果によると、1970年前後に経営コンサルティングに関わる団体・企業は約500、経営コンサルタントは約3万名、コンサルティング市場規模は約400億円と推計されている。一方、1970年にA.T.カーニーが発表した資料によるとアメリカでは約2,500のコンサルティングファームが存在しており、市場規模は約4,000億円とされている。当時

(1970年前後)の日本のコンサルティング市場はアメリカの約10分の1であった。

また1981年に通商産業省が『経営コンサルタント業に関する調査』を実施している。調査対象事業者は1,690、従業員数は1万1,235名、年間売上高は約945億円と推計している。調査主体は異なるが1971年に400億円市場が10年間で2倍近くまで拡大したことになるが、まだ1,000億円を超えていない。本調査によると、コンサルティングサービスの平均契約金額は1件100万円程度、利用期間（契約期間）は1日が6％、1週間が22％、1ヶ月18％、3ヶ月が22％、6ヶ月が16％、1年が14％と、1日〜1ヵ月間が5割弱であった。1日や1週間という短期間のコンサルティングサービスは教育研修や経営診断と想定される。また最も多く利用されているコンサルティングファームの規模は2〜10名であった。ちなみにマッキンゼーは1940年代で既に、調査案件で1万ドル、コンサルティング案件で8万ドル、10万ドルという金額を顧客に提示している。現在の貨幣価値で数千万から数億円である。一方、前述の中小企業庁調査（1971年）の平均契約金額100万円は現在の貨幣価値で300万円〜500万円であり、マッキンゼーのコンサルティング報酬（それも1940年代）と比較すると10分の1以下だったことがわかる。第Ⅱ世代の日本のコンサルティング市場は、小規模のコンサルティングファームが中心で、低単価、短期間が中心であった。

既に第Ⅲ世代に入ってからの調査ではあるが、1989年に全日本能率連盟が『経営コンサルティングニーズの現状と展望に関する調査』を実施している。これは経営コンサルティング団体と経営コンサルタントの調査、およびユーザー企業側を同時に調査したものである。本調査では経営コンサルタントは約3万7,000人と推計されており、このうち42％が兼業者、84％が税理士・公認会計士などの公的資格を有しており、兼業・兼職が多かったことがわかる。また大学卒のコンサルタントはわずか3％しかおらず、欧米の戦略系コンサルティングファームが積極的にMBAホルダーを採用していたのとは対照的である。

また同調査では、経営コンサルタント団体の半数は株式会社で、残りが社団法人・財団法人が中心で且つ規模が大きいとしている。第Ⅲ世代においても公的法人格のコンサルティング組織が大きなシェアを占めていたことがわかる。同時に実施したユーザー企業調査によると、規模が大きい企業ほどコンサル

ティング利用度が高く、従業員1万人以上の企業では74％の企業が利用している。ただし利用テーマは教育訓練や組織活性化といった組織や人事、教育が中心であった。直近3ヶ月の主要契約先は専業コンサルティング団体が39％、外資系7％、銀行系4％、シンクタンク系4％となっている。第Ⅲ世代（1989年）に入っても外資系コンサルティングファームのシェアは1割に満たず、それ以前の第Ⅱ世代では、欧米のコンサルティング市場では主役であった戦略系コンサルティングファーム（以下、戦略系ファーム）のプレゼンスは更に小さかったと思われる。

これら調査結果より、第Ⅱ世代の日本のコンサルティング市場は、企業のコンサルティングサービスの利用が進んでいるものの、テーマは教育訓練や組織活性化が中心で、期間も短く、比較的低単価（欧米比較）であった。また当時の経営コンサルタントは兼業・兼職が多く、欧米のように大卒者が専業で高収入を得られる職業として確立していなかった。これらが結果的にコンサルティング市場の小ささに影響を与えたといえる。

しかし第Ⅱ世代の欧米市場でコンサルティング市場を牽引した戦略系ファームはなぜ日本市場では成功できなかったのだろうか。アメリカの戦略系ファームがイギリスなど西欧に海外進出した際、地元のコンサルティングファームが存在しており、マッキンゼーが提示するコンサルティング報酬はイギリスの報酬水準の10倍であったという。これは日本でも同様の状況であり、しかも日本は高度経済成長時代で魅力的な市場であったはずである。なぜ「戦略系ファームの西欧での成功モデル」が日本で成功しなかったのか。その要因を考察していく。

(1) **戦略系ファームの西欧での成功モデル**

アメリカの戦略系コンサルティングファームの西欧展開についてはKipping（1999）が詳しい。その成功要因としては、①西欧の経営環境および経営レベル、②展開方法、③地元人材を活用した顧客開拓、④人材調達の4つに整理することができる。

まず、①西欧の経営環境および経営レベルについては、Kipping（1999）によると、1950年代半ば、世界大戦後のヨーロッパ企業は事業拡張や多角化に伴

う経営課題に直面していた。それはちょうど1930年代のアメリカと似たような経営環境である。多角化経営や企業規模の拡大、競争激化などで、組織や戦略に関する経営課題が生じ、これまでの科学的管理による能率向上ではなく、デュポンやGMが導入した分権型組織やM型組織といったアメリカ式経営管理方法が求められた。

次の、②展開方法については、西欧進出当初はヨーロッパに進出するアメリカ企業、またはアメリカに進出していたヨーロッパ多国籍企業を顧客として足がかりとして、次のステップとして内国企業を開拓していった。

その内国企業の開拓には、③地元人材を活用した顧客開拓を進めていった。西欧各国の地元エリートとの政治的かつ社交的な密接関係を築いていくことで、地元企業からの案件を獲得していった。例えば政府機関で働いていた人物をコンサルタントとして採用し、それによって政府機関からの案件を受託したり、ビジネス界で優れたキャリアを持つ人物をコンサルタントとして採用して、その人脈を顧客獲得に存分に活用した。Kipping (1999) は進出国で実業界や政治界とのパイプやネットワークを持つ地元エリートを「連結者」と称している。アメリカの戦略系ファームは西欧各国で、連結者を見つけ出し、近づき、彼らのネットワークそのものも上手くとらえることに成功していった。また戦略系ファーム特有のアップ・オア・アウトも西欧市場でネットワークを築く上でプラスに働いた。コンサルタントがファームを退職した後、転職先で重要なポストに就けば、戦略系ファームの卒業生（退職者）は有能だという名声が新たなコンサルティングの引き合いにつながるからである。戦略系ファームは卒業生との関係づくりにも注力した。

そして最後の、④人材調達については、ビジネススクールとの密接な関係により安定的に優秀な人材を調達する仕組みを確立したことである。マッキンゼーをはじめ、戦略系ファームはビジネススクールから多くの人材を採用しており、西欧進出の重要な戦力となった。またマッキンゼーは西欧のビジネススクール設立にも貢献している。1957年にフランスのフォンテーヌブローにINSEADというビジネススクールが設立され、マッキンゼーなどの戦略系ファームはトレーニングセッションなど有能な学生を採用するための活動を行い、ヨーロッパでも有能人材を調達できるルートを作った。

(2) 西欧成功モデルが日本で通用しなかった要因

　当時の日本企業は、西欧同様に組織や戦略の経営課題に直面していたのかについて考察する。第Ⅱ世代はちょうど日本の高度経済成長時代（1950年代後半から1970年代前半）であり、日本企業は多角化の傾向を強めていった。当時の日本企業の多角化については吉原他（1981）で詳細に分析されている。それによると日本企業の多角化の動きはアメリカと比べてスピードは遅く約15年のタイムラグがあり、質的に異なった分野への積極的な多角化もより少なかった。またイギリスと比べても同様にタイムラグがあり、多角化レベルは低かった。また多角化の動きにつれて、日本企業も欧米企業と同様に分権型組織、事業部制組織を導入する企業が増えていった。1960年の経済同友会調査によると、調査対象229社の中で、事業部制を既に採用あるいは採用を計画中の会社は64社と3割弱に上っている。特に1963年から1973年の10年間は分権化への傾向が支配的であり、事業部制組織の導入についても日本はアメリカと比べて約15年のタイムラグを生じている。

　日本の多角化およびそれに対応した分権型組織導入へのタイムラグは戦略系ファームにとってはビジネスチャンスであったはずである。アメリカの戦略系ファームの西欧進出時も同じようなタイムラグが生じていた。つまり戦略系ファームが得意とするアメリカ式経営管理方法が求められる経営環境にあり、潜在市場はあったといえる。ではなぜ戦略系ファームの西欧での成功モデルはなぜ日本市場でうまくいかなかったのか。その要因として、次の4つに整理できる。

　① 経営管理知識移転の特殊性

　日本は経営知識の移転や共有化を、自社またはグループ内で行ってきた。前述の中小企業庁調査（1971年）ではコンサルティングを利用しない理由として「必要性を感じない（45％）」「社内に適任者がいる（18％）」との回答があり、全日本能率連盟（1989年）のユーザー企業調査でもコンサルティングを利用しない理由として「社内スタッフで間に合う（59％）」との回答があった。

　既に1910年代から、日本の大企業は科学的管理による能率向上の知識やノウハウの習得のために、社員（技術者）をアメリカに派遣して直接学ばせた。彼らは帰国後、能率向上のリーダーとして社内に知識を移転させ、共有化を図っ

た。社員を海外派遣する余力のない企業であれば、公的法人格コンサルティング組織などが実施する講座・セミナーを受講させた。また日本企業は企業グループ内や業界団体での経営管理知識の共有化も積極的に行っていた。よって戦略系ファームがターゲットとした大企業は社内または企業グループや業界団体での経営管理知識の習得・移転が中心で、外部の戦略系ファームを積極的に活用するニーズは少なかったといえる。

② 終身雇用制度による人材流動の硬直性

日本に最も早く進出した戦略系コンサルティングファーム「ボストンコンサルティンググループ」の初代代表であったJ. C. アベグレンが1958年に出版した『日本的経営』で日本的経営の特徴の1つとして終身雇用をあげている。終身雇用によって、技能やノウハウが社内に蓄積・移転され、企業への高い忠誠心も維持できるため、結果的には企業の成長や生産性の向上につながると言われてきた。この終身雇用制度は大企業ほど確立しており、優秀な人材ほど大企業に入りたがった。アベグレン（1958）は大阪の大手電機メーカーの1949〜1953年の退職率や退職理由を調査している。男子の退職者は年平均わずか2〜3％しかおらず、そのうち約4割が定年退職、残りは健康のためか農業を引き継ぐなどが理由であった。当時は大企業社員ほど、安定した職場を捨てて、他の企業へ移るという「転職」はほとんどなかったといえる。

戦略系ファームが「連結者」として欲しがった人材は、政治界や実業界にパイプを持つエリート達である。大卒の官公庁役人や財閥企業社員のような人材がターゲットであるが、働き盛りの時に、将来の安定性がみえない戦略系ファームに引き抜くのはかなり困難だったと思われる。日本の終身雇用制度による人材流動の硬直性により、戦略系ファームが連結者を思うように採用できなかったことは、顧客開拓面でも人材調達面でも、日本展開のマイナス要因になったはずである。

③ 外資導入制限

高度経済成長時代の日本は、欧米など海外企業にとって参入困難な市場であった。1963年以降、外資企業が日本に子会社を設立したり、日本での事業拡張、出資比率増加などの外国投資は日本政府の個々の承認が必要となった。また合弁による日本進出も長い審査期間や日本国籍の経営者を必要とする条件、

外国資本は50％限度など、外資企業にはデメリットが多かった。

　戦略系ファームの西欧進出の第1ステップは、ヨーロッパに進出するアメリカ企業、またはアメリカに進出していたヨーロッパ多国籍企業を顧客としたことだったが、日本企業の外資導入制限により、在欧米企業の日本進出が進まず、この第1ステップでの進出が難しかったといえる。

④　未成熟なビジネススクール市場

　戦略系ファームの西欧成功モデルの要因の1つはビジネススクールとの密接な関係による有能人材の安定調達であったが、日本ではそれは成立しなかった。

　日本初のビジネススクールは慶應大学が1978年に設立した「慶応ビジネススクール（2年生のMBAコース）」だが、設立時期は第Ⅱ世代の終わりである。また大企業が海外MBA留学派遣するのは1980年代になってからであり、第Ⅱ世代は日本国内でMBAホルダーを採用することは困難であった。

　以上、第Ⅱ世代の日本市場において、アメリカ式経営管理方法が求められる経営環境にありながら、経営管理知識移転の特殊性、終身雇用制度による人材流動の硬直性、外資導入制限、未成熟なビジネススクール市場、の4つの要因が影響して、戦略系ファームは西欧成功モデルが通用しなかったと考察できる。これが第Ⅰ世代に引き続き、第Ⅱ世代の日本のコンサルティング産業の発展の遅れにつながったといえる。

補-5　コンサルティング産業の将来

　本節では現在も続いている第Ⅲ世代の概要と、まだ次世代の台頭とは言い切れないがコンサルティングサービスの"新しい波"について考察する。

補-5-1　第Ⅲ世代の概要

　第Ⅲ世代は1980年頃から本格化したITコンサルティングである。1947年に大手会計事務所アーサーアンダーセンが、汎用コンピューターを企業会計に導入して会計業務効率化を図ったのが、ITコンサルティングの始まりといわれる。ITコンサルティングは第Ⅰ世代の終盤に既に生まれていたことになる。

第Ⅱ世代に入り、欧米の大企業は多角化経営や企業規模拡大に伴って、経営に必要なデータを瞬時に入手する必要性が生じ、ITコンサルティングのニーズが高まった。同社を含む「ビッグエイト」と呼ばれた8大会計事務所（当時）は企業会計だけでなく、在庫管理や工場管理、販売管理、物流管理、人事管理までコンピュータ導入による業務効率化を広げていった。

　大手コンピューターメーカーIBMも、コンピューター導入による業務効率化に伴うコンサルティングサービスをサービス部門にて有償で提供していたが、1956年にアメリカ司法省より「コンピューター市場における優位性を利用して、サービス市場も独占しようとしている」という告発を受け、独占禁止法が適用となり、35年間にわたるコンサルティング業務を禁止されてしまった[19]。ITコンサルティングの主役は、会計事務所とシステムインテグレーターになった。システムインテグレーターとはシステムの設計・開発・維持管理まで請け負う事業者のことである。会計事務所ではITコンサルティング売上が本業売上（会計業務）より大きくなり、コンサルティング部門が別会社として独立する動きが生まれた[20]。

　第Ⅲ世代に入り、ITコンサルティング市場が急拡大した契機となったのは1990年代のERP（統合基幹業務システム）[21]の登場である。ERP導入は大規模なシステム開発であり、巨大なITコンサルティング市場が生まれた。その後、CRMやSCM[22]、ナレッジマネジメント、ビジネスプロセスを抜本的に見直すBPR（ビジネスプロセスリエンジニアリング）、本業以外の業務を外部に一括委託することで本業に経営資源を集中させるBPO（ビジネスプロセスアウトソーシング）など新しいITコンサルティング分野が生まれ、ITコンサルティング市場は年々拡大している。以上がグローバル市場でのITコンサルティングの発展経緯である。

　日本市場において、ITコンサルティングの本格化は欧米に比べて少なくとも10年は遅れていた。その背景には、既に日本企業が日本の大手会計事務所と取引がある中で、欧米の大手会計事務所が顧客を開拓するのに時間がかかったことと、日本企業がシステム導入による業務効率化を人員削減と捉えて抵抗感があったこと等があげられる。しかし欧米の大手会計事務所は日本の大手会計事務所と次々と業務提携を締結し、コンサルティング部門を通じてITコンサ

ルティングを広げていった。

　世界市場と同様に日本企業も1990年代にこぞってERPを導入したことで、日本のITコンサルティング市場は一気に広がった。その後の新しいITコンサルティング分野の広がりは世界の動きと同じである。日本の場合も、その担い手は大手会計事務所系のITコンサルティングファームやシステムインテグレーターが中心であるが、ユーザー系[23]といわれるシステムインテグレーターの存在感が大きい。

　第1節にて、日本のコンサルティング市場はアメリカ市場の20分の1～30分の1、市場規模格差をGDP比で比較すると、日本市場はアメリカ市場の5分の1～8分の1と、経済大国である日本のコンサルティング産業の発展は立ち遅れていると指摘したが、ITコンサルティング分野でも同じように発展が立ち遅れているのだろうか。

　IT分野の調査・コンサルティング大手のGartnerによると、2015年のITコンサルティング（テクノロジーコンサルティング）市場は、全世界で約670億ドルのうち、北アメリカ（アメリカおよびカナダ）市場が約258億万ドル、日本は約32億ドルであると発表している。日本のITコンサルティング市場は北アメリカ市場の約8分の1であるが、GDP比では約1.7分の1にまで、格差が近づいている。つまりITコンサルティング分野において、日本は決して立ち遅れていないといえるだろう。しかしITコンサルティング市場はいわゆるITサービス（システム開発やシステム運用等）やアウトソーシングサービスと混在する場合が多く、純粋なITコンサルティング市場を把握するのは難しい。ITを活用したコンサルティングそのものと、それを実現するための要件定義・システム設計業務（IT業界では上流コンサルティングと呼ぶ）には連続性（業務重複やプレイヤー重複）も多く分離することが難しいからである。第Ⅲ世代の発展経緯および第Ⅱ世代からの早急なキャッチアップの背景や要因については別途考察していく必要がある。

　昨今の情報通信技術（ICT）の進展はめざましく、ビッグデータやクラウドサービス、IoT（モノのインターネット）、AI（人工知能）、ロボットでの活用が注目されている。今後の企業経営にこれらICTがどこまで活用されるかは未知数だが、しばらくは第Ⅲ世代（ITコンサルティング）の波が続くと思われる。

補-5-2　コンサルティングサービスの新しい波

　最後にコンサルティングサービスの"新しい波"について考察する。コンサルティングサービスの進化には3つの異なるWave（第Ⅰ世代・第Ⅱ世代・第Ⅲ世代）があり、第Ⅰ世代は能率向上コンサルティングファーム（能率向上コンサルティングサービス）、第Ⅱ世代は戦略系コンサルティングファーム（戦略コンサルティングサービス）、第Ⅲ世代はIT系コンサルティングファーム（ITコンサルティングサービス）が中心プレイヤーである。

　第Ⅰ世代の能率向上コンサルティングは第2次産業革命とともに生まれた大企業（主に製造業）の体系的管理（科学的管理）ニーズに対応したものであり、第Ⅱ世代の戦略コンサルティングは企業の積極的な合併や多角化により（現場改善や生産能力向上から）経営戦略や組織構築への経営課題移行に対応したものであり、第Ⅲ世代のITコンサルティングは企業の多角化や規模拡大に伴って経営データを瞬時に入手したいニーズに対応したものである。つまりコンサルティングサービスの変遷はコンサルティングサービスを購入する企業側の何らかの進化によって生じてきたといえる。よって現時点ではまだ明確ではない次のWaveつまり第Ⅳ世代は、コンサルティングサービスを購入する企業側の"将来の姿"次第である。

　企業の"将来の姿"を予測するのは難しいが、日本を初めとした先進国企業の"将来の姿"の1つは「イノベーション」である。イノベーションという言葉の定義・解釈は様々だが、ここでは技術革新だけでなく、従来のビジネスモデルを変革して新しい価値を生み出し、社会に大きな変化をもたらす意味でとらえている。特に先進国は成熟市場であり、新興国のように飛躍的にマーケットが拡大する見通しはない。

　また消費者は何でも保有しており、あらゆるサービスを経験済みである。もはや商品・サービスを多少改良したところで売上が大きく伸びることはない。過去でいえば蒸気機関車やコンピュータ、ATMの登場、近年でいえばインターネットや携帯電話の登場、もっと最近でいえばUber（配車サイト）やAirbnb（民泊）のような、社会に大きな変化をもたらすイノベーションこそ、特に先進国企業にとっては今後の生きる道である。よってコンサルティング

サービスの変遷は、コンサルティングサービスを購入する企業側の進化に対応して生じるという前提では、企業のイノベーションを支援できるコンサルティングサービス（ファーム）が今後は求められることになる。

イノベーションと聞くと技術者や研究設備を保有しないコンサルティングファームには支援余地がなく、様々な技術を保有する企業内で問題解決してしまうため、コンサルティングファームにとって受難の時代が到来するように思われそうだが決してはそうではないと考える。

近年、IoTやAI、ロボット等の技術が注目されているが、あくまでも技術であって、それを活用した商品・サービスが我々の生活を大きく変えてこそイノベーションであり、技術の凄さ以上に社会に大きな変化をもたらす"知恵"が求められる。例えば日常の移動スタイルを変えてしまったUberや旅行スタイルを変えてしまったAirbnbは技術の勝利ではなくビジネスモデルの勝利といえる。イノベーションを実現する"知恵"こそ、今後のコンサルティングサービスの提供価値である。

企業のイノベーションを支援するサービスは既に始まっている。企業内（主に大企業）で新たな事業を生み出すイノベーション支援は、古くは社内ベンチャー制度や新規事業開発プロジェクトに関するコンサルティングサービスだったが、近年は大企業と社外スタートアップ[24]とのマッチングおよび事業化を支援するサービスが台頭している。スタートアップの募集・選定からマッチング、事業化支援まで一連のサポートを行うものは「アクセラレーター・プログラム」と言われ、ゼロワンブースターやCrewwといった専門事業者、MUFGやSMBCなどの金融機関、富士通やSONY、NTTドコモなどの大企業などが提供している。

コンサルティングファームがこれら金融機関や大企業等と組んで事業化支援をするケースがある。社外の経営資源（技術やサービス等）を取り入れてイノベーションを実現する取り組みはオープンイノベーション[25]と言われ、アクセラレーター・プログラムもオープンイノベーションが前提である。またアクセラレーター・プログラムでは有望なスタートアップに対して事業化支援だけでなく出資（出資アレンジを含む）する場合もある。

出資を伴って創業成長期企業を成長に向けて支援する点では、ハンズオン型

ベンチャーキャピタルと類似点も多い。ハンズオン型とは戦略立案や人材育成、実行支援などのコンサルティング、取締役の派遣など財務面（出資や業績管理等）以外でも、迅速な成長を実現すべく投資先の経営に深く入り込む手法である。国内では株式会社グロービス・キャピタル・パートナーズや株式会社ドリームインキュベータがハンズオン型ベンチャーキャピタルとして知られている[26]。このビジネスモデルの場合、経営支援の対価はコンサルティングフィーではなくキャピタルゲインである。狙い通りに投資先企業がIPOできなければ収益を得ることができないリスクビジネスである。またコンサルティングファームがリスクを持つビジネスとして、コンサルティングファームと顧客によるジョイントベンチャー（共同出資で新会社設立）がある。例えば顧客側の改革したい業務を新会社に移して、顧客から自社社員を、コンサルティングファームからもコンサルタントを出向・転籍させて、1つの会社として改革を推進していくものである。成果が出なければお互い収益を得られないため、顧客とコンサルティングファームとのリスクシェアである。本書で取り上げたアクセンチュアも顧客とのジョイントベンチャーを設立して、BPO（ビジネスプロセスアウトソーシング）に取り組んでいる。

　またコンサルティングファームが"提言・支援"に留まらず、"具体的な実行"まで提供する動きもみられる。「デザイン」の分野である。これまでデザインは広告代理店や傘下の制作会社が手掛けてきた。広告代理店（特に大手）は広告枠の買付・販売および広告制作から、上流のプロモーション戦略やブランド戦略のコンサルティングまで広げており、そのコンサルティング部分でコンサルティングファームと競合することはあったが、コンサルティングファーム自体が下流の制作（特にデジタルデザイン）まで関わることはなかった。しかし2013年に、アクセンチュアがイギリスのデザイン会社Fjordを買収、マッキンゼーがアメリカのデザイン会社LUNARを買収している。他の外資系コンサルティングファーム（PwCコンサルティング、デロイトトーマツコンサルティング）でもデザイン機能を強化する動きがみられる。コンサルティングファームはマーケティング戦略立案だけでなく、具体的なデザインまで提案できることになる。その背景には、Appleやユニクロ、無印良品などデザインが企業競争力につながる事例より、デザイン思考を経営に取り入れる重要性が近年注目

されているからである。

　以上、コンサルティングファームの新しい波として、スタートアップを育成支援するアクセラレーター・プログラム、出資とコンサルティングを組み合わせたハンズオン型ベンチャーキャピタル、顧客とのジョイントベンチャー設立、コンサルティング＋デザイン機能の提供を取り上げてきた。一見、全く異なる動きに見えるが、根幹にあるのは顧客が生き残っていくために必死であり、コンサルティングファームとして、その結果に明確にコミットするという点は共通である。コンサルティングファーム側も従来の分析・提言・実行支援という提供機能だけでは、顧客の必死な生き残りに貢献できず、それが"新しい兆し"として台頭している。

　そしてこの"新しい兆し"は企業のイノベーションへの支援だといえる。コンサルティングサービスの定義は「高度な専門的知識により、顧客の問題解決を実現する」ことである。それは世代が変わっても不変の定義であるが、今後は企業のイノベーションを実現できるコンサルティングファームが中心になっていくのではないかと思う。危惧されるのは日本でのイノベーションに対する障壁である。規制等の面でUberやAirbnbの日本展開は遅れている。日本市場の特殊性・閉鎖性などで第Ⅰ世代および第Ⅱ世代の日本のコンサルティング産業が遅れたことは述べたとおりである。第Ⅲ世代でキャッチアップしつつあるが、日本市場でのイノベーションが遅れれば、それを支援する日本のコンサルティングサービスは再び後退することになる。日本の産業界の発展なくして、日本のコンサルティング産業の発展はない。

■注
1　円換算は総務省統計局「日本の長期統計系列」の平均為替レートを適用している。
2　「経営コンサルタントの実態」『月刊中小企業』1971年4月号より。
3　通商産業省（1981）「特定産業サービス実態調査（経営コンサルタント）」。
4　全日本能率連盟（1989）「経営コンサルティングニーズの現状と展望に関する調査」。
5　アスキーやカネボウの社長を務めた小森哲郎氏、ミスミ社長を務めた三枝匡氏が有名である。
6　テイラーの業績・軌跡については、Nelson（1992=1994）が詳しい。

7 テイラーの独立開業以前の1886年に、世界最古のコンサルティングファームといわれるアーサー・D・リトルがアメリカで設立されている。しかし設立当初は技術開発の委託研究が中心であり、コンサルティングサービスを本格展開したのは1910年代に入ってからである。
8 「31ヶ国の頭脳集め経営の秘策売るマッキンゼー」『エコノミスト』1978年2月7日号，pp.94-95．
9 大前（1975），p.33．
10 ビッグエイトに含まれていた会計事務所は、アーサーアンダーセン、アーサー・ヤング、クーパーズ＆ライブランド、デロイト・ハスキンズ＆セルズ、アーンスト＆ウィニー、ピートマーウイック、プライスウォーターハウス、トウシュ・ロス。合併や、会計業務とコンサルティング業務の分離などを経て、現在はビッグ・フォーに再編された。
11 堀（2003），p.11．
12 堀（2001），p.13．
13 堀（2003），p.49．
14 「31ヶ国の頭脳集め経営の秘策売るマッキンゼー」『エコノミスト』1978年2月7日号，pp.94-95．
15 大前（1995），p.152．
16 「31ヶ国の頭脳集め経営の秘策売るマッキンゼー」『エコノミスト』1978年2月7日号，pp.94-95．
17 同社の日本市場開拓は岩淵（1991）が詳しい。
18 「経営コンサルタントの実態」『月刊中小企業』1971年4月号。
19 また35年間にわたるコンサルティング業務を禁止されていたIBMも1991年にITサービス専門子会社を設立し、その後IBM本体でITコンサルティングサービスを提供し、収益の柱となった。
20 2001年のエンロン事件（粉飾決算による経営破綻）を契機に、2002年のSOX法成立により、会計事務所の監査先企業へのコンサルティング業務提供は禁じられ、会計事務所のコンサルティング部門は次々と独立した。
21 ERPの正式名称は「Enterprise Resource Planning」であり、企業全体を経営資源の有効活用の観点から統合的に管理し、経営の効率化を図るための手法・概念のことである。これを実現するための統合型（業務横断型）ソフトウェアを「ERPパッケージ」と呼ぶ。ERPの主なベンダーとしてSAP社やオラクルがある。
22 CRMの正式名称は「Customer Relationship Management」であり、情報システムを活用して企業が顧客と長期的な関係を築く手法のことである。またSCMの正式名称は「Supply Chain Management」であり、取引先との間の受発注、資材の調達から在庫管理、製品の配送まで、いわば事業活動の川上から川下までをコンピュータを使って総合的に管理する手法のことである。

23 野村総合研究所・日本総合研究所・NTTデータ・SCSKなど大手企業の情報システム子会社。
24 スタートアップとはイノベーションによる急成長を目指す事業・組織のことであり、創業期の中小企業であるベンチャー企業とは異なる。
25 近年のオープンイノベーションの成功事例として、大ヒットゲーム「Pokemon GO((ポケモンGO)」が知られている。任天堂とスマートフォンによる位置情報サービスを提供する米国Niantic社との提携によって生まれた。ポケモンGOは従来のゲームスタイルを大きく変えたイノベーションといえる。
26 ただし株式会社ドリームインキュベータはハンズオン型ベンチャーキャピタル事業だけでなく、プロデュースサービス（事業創造支援）や戦略コンサルティングサービス、M&A支援など新規ビジネス創造に関する幅広いサービスを提供している。

謝　辞

　本書は2010年に神戸大学大学院経営学研究科に提出した博士学位論文をベースに加筆修正したものです。気がつけば博士課程を修了してすでに7年、神戸大学MBAに入学後プロフェッショナルサービス研究を始めてすでに13年という長い年月が経っています。仕事と両立しながらの大学院生活だったため、博士課程修了後は仕事に勤しまざるを得ず、結果的に研究から離れてしまいましたが、それでも本書の上梓に至れたのは、多くの方々のご支援があったからです。皆様には心より感謝申し上げます。

　石井淳蔵先生（神戸大学名誉教授、流通科学大学元学長）には、修士課程および博士課程における指導教官として様々なご示唆を頂くとともに、仕事に追われ研究が疎かになりがちな私に折に触れ叱咤激励を下さりました。そして「あまり他の人が取り組んでいない研究テーマだから」と機会ある毎に研究書として刊行することを勧めて頂きました。神戸大学MBAで石井淳蔵ゼミに入らなければ、研究の面白さに目覚めることもなく、博士課程に進むこともなく、本書を刊行することもありませんでした。本当に感謝しきれません。

　栗木契先生には、博士課程における指導教官・博士論文の主査として、大変なご支援を頂きました。特に私の研究スキルが乏しい中、論文の組み立てや書き方だけでなく、論文の一字一句まで見て頂き、的確かつ詳細なアドバイスを頂きました。私の論文原稿に沢山の付箋をつけられているのを見た時、栗木先生の熱心な指導姿勢に感激しました。刊行が決まってからも沢山のアドバイスを頂きました。東京転勤で神戸になかなか通えなかった中、定期的に東京ゼミを開催頂き、本当に助かりました。

　加護野忠男先生（神戸大学名誉教授、甲南大学特別客員教授）には、修士課程および博士課程における副査として、沢山のアドバイスを頂きました。特に本書のテーマであるプロフェッショナルサービスファームに関する豊かな知見をお持ちで、色んな切り口や視点を頂きました。特に（加護野先生が監訳された本でも取り上げられている）エグゼクティブ・サーチ・コンサルティング

サービスの事例は博士論文の重要な切り口となりました。加護野先生との面談は知的好奇心に溢れた本当に楽しい時間でした。

　高嶋克義先生（神戸大学教授）には、博士課程における副査として、多くのご教示を頂きました。「もっと頭に汗をかかなければならない。」と徹底的に考え抜く姿勢の大切さをご指導頂きました。また最後に頂いた「博士論文はゴールではなく、研究のスタートである。これから良い研究をしていけばよい。」というアドバイスは心に残っています。

　ケース作成にあたり、多くの方にご協力頂きました。特にアクセンチュア株式会社様にはケース作成にあたり、ご多忙な中、沢山の方にインタビューに対応頂き、資料データを提供頂きました。また本書刊行にあたって再度原稿を確認頂き、内容更新にご協力頂きました。そして実際に戦略系コンサルティングファームに所属されていた多くのコンサルタントの方々にもインタビューにご協力頂きました。本書に掲載しておりませんが、関連する研究で他にも多くの方にインタビューにご協力頂きました。ご協力頂いた皆様には心より御礼申し上げます。

　そして石井淳蔵・栗木契研究室および研究グループの皆様には神戸大学でのゼミだけでなく、東京でのゼミや本書の出版研究会などでの発表を通じて、多くの先生や院生から助言を頂きました。吉田満梨先生および山本奈央先生には博士論文を丁寧に読んで頂き、貴重な助言を頂きました。1人ひとりのお名前は掲載しませんが、石井淳蔵先生を中心とする研究グループの皆様には沢山の刺激を受けました。今も学会などで大変お世話になっております。また碩学舎および中央経済社の関係者の皆様には、研究者として未熟な私に研究書を刊行する機会を与えて頂き誠に有難うございます。

　本書のテーマであるプロフェッショナルサービス、特にコンサルティングサービスは、私自身が大学を卒業してから今までずっと実務経験で関わってきた分野です。このテーマに取り組むことは、自分自身のプロフェッショナルとしての提供価値やあり方を振り返ることでもあり、非常に意義のある研究テーマです。仕事と研究の両立が難しく、どちらも中途半端になり悩んだことも一度や二度ではありません。それでも仕事を続けながら修士課程と博士課程を修了できたのも、知的研究を奨励する勤務先の理解があったからです。

謝　辞

　近年プロフェッショナルサービスを取り巻く環境は激変しており、これまでの提供価値およびビジネスモデルでは立ち行かなくなっており、本書で言及したように新しい波が到来しています。ただビジネスが複雑化すればするほど、知識を核とするプロフェッショナルサービスの重要性は益々高まるはずです。最後に今後もプロフェッショナルサービス研究を継続することと、自らの実務を通じて実証研究することを通じて、知的生産で社会に貢献していく決意をここに記します。

《インタビューリスト》

　所属や肩書はインタビュー時のものである。尚、ご本人の希望で所属ファーム名および名前を表記していない場合もある。

2005年6月28日電話インタビュー
　　　元戦略系ファーム　最終パートナー　S氏
2005年6月29日
　　　元戦略系ファーム　最終コンサルタント　I氏
2005年7月14日
　　　元戦略系ファーム　最終パートナー　T氏
2008年9月9日
　　　元戦略系ファーム　最終コンサルタント　T氏
2008年12月12日
　　　元アンダーセン・コンサルティング(1979年〜1993年)
　　　　　　　コンサルティング部門　S氏
2009年10月9日
　　　元戦略系ファーム　最終コンサルタント　M氏
2009年11月10日
アクセンチュア株式会社
　　オペレーションズ本部　ビジネスプロセス アウトソーシング グループ
　　　　マネジング・ディレクター　　植田　順様
　　　　シニア・プリンシパル　　　　田村　貴志様
　　マーケティング・コミュニケーション部
　　　　マネジャー　　　　　　　　　神田　健太郎様
（上記役職は2016年2月1日 時点）
※アクセンチュア様には本書出版にあたって再度原稿内容を確認頂き、情報更
　新している。

■参考文献

Abegglen James, C. (1958) *The Japanese Factory:Aspects of Its Social Organ,* The MIT Press. (山岡洋一訳『日本の経営（新訳版）』日本経済新聞社, 2004).

Abrahamson, E., & Fombrun, C. J. (1994) Macrocultures: Determinants and Consequences, *Academy of Management Review,* 19（4），pp.728-755.

Abrahamson, Eric. (1996) "Management Fashion", *Academy of Management review,* 21 (1)，pp.254-285.

Accenture. (2004-2014) *Annual Report.*

Alvesson, Mats. (2004) *Knowledge Work and Knowledge-Intensive Firms,* Oxford University Press.

Arrow, K. J. (1962) The Economic Implications of Learning by Doing, *Review of Economic Studies,* 29（3），pp.155-173.

Arthur Andersen. (1972) *The Arthur Andersen Chronicle,* Sep, pp.8-23.

Arthur, M.B. and Rousseau, D. M. (1996) *The Boundaryless Career-A New Employment Principle for a New Organizational Era,* Oxford University Press.

Campbell, N. C, (1985) "An Interaction Approach to Organizational Buying Behavior", *Journal of Business Research,* 13（1），pp.35-48.

Carr-Saunders, A.M.and Wilson.P.A. (1933) *The Professions,* Oxford University Press.

Christensen, Clayton, et al. (2013) Consulting on the Cusp of Disruption, *Harvard Business Review,* 91（10），pp.106-114,「グローバル・ファームも淘汰の時代コンサルティング業界は変われるか」『ハーバードビジネスレビュー』2014, 39（4），pp.16-30。

Clark, Timothy, and Robin Fincham. (2002) *Critical consulting: New perspectives on the management advice industry,* Wiley-Blackwell.

Copeland, M. T. (1924) *Principles of Merchandising,* A. W. Shaw Co.

Davenport, Thomas H. (2005) *Thinking for a living: How to get better performance and results from knowledge workers,* Harvard Business School Press.

Drucker, Peter F. (1993) *Post-Capitalist Society,* NY:Harper Business, (上田惇生・佐々木実智男・田代正美訳『ポスト資本主義社会』ダイヤモンド社, 1993).

Drucker, Peter. F. (1999) *Management Challenges for The 21st Century,* Harper Collins Publishers, (上田惇生訳『明日を支配するもの：21世紀のマネジメント革命』ダイヤモンド社, 1999).

Edersheim, Elizabeth Haas. (2004) *McKinsey's Marvin Bower: Vision, leadership, and the creation of management consulting*, John Wiley & Sons, (村井章子訳『マービン・バウワー』ダイヤモンド社, 2007).

Gummesson, Evert. (1978) "Toward a Theory of Professional Service Marketing", *Industrial Marketing Management*, 7(2), pp.89-95.

Greenwood, E. (1966) "The Elements of Professionalization", *Professionalization*, Prentice-Hall, pp.9-19.

Greiner, L. E., & Metzger, R. O. (1983) *Consulting to management*, Prentice-Hall.

Hakansson, H. (1982) *International marketing and purchasing of industrial goods: An interaction approach*, Chicester: John Wiley & Sons Ltd.

Hall, D.T. (2002) *Careers In and Out of Organizations*, Sage.

Heskett, James L., and Schlesinger, L.A. (1994) "Putting the service-profit chain to work", *Harvard business review*, 72(2), pp.164-174, (小野譲司訳『サービス・プロフィット・チェーンの実践法』ダイヤモンドハーバードビジネスレビュー, 1994 (7), pp.4-15).

Illich, Ivan. (1971) *Deschooling society*, New York : Harper, (金子嗣郎訳『脱病院化社会』晶文社, 1979).

IMP GROUP, et al. (1982) *International Marketing Purchasing of Industrial Goods*, John Wiley & Sons.

Kappel, Frederick R. (1960) *Vitality in a business enterprise*, McGraw-Hill Book Company, (冨賀見博訳『企業成長の哲学』ダイヤモンド社, 1962).

Khurana, Rakesh, et al. (2002) *Searching for a Corporate Savior: The Irrational Quest for Charismatic CEOs*, Princeton University Press, (橋本碩也訳・加護野忠男監訳『カリスマ幻想-アメリカ型コーポレートガバナンスの限界』税務経理協会, 2005).

Kipping, Matthias. (1996) "The U.S Influence on the evolution of management consultancies in Britain, France, and Germany Since 1945", *Business and Economic History*, 25(1), pp.112-123.

Kipping, Matthias. (1999) "American Management Consulting Companies in Western Europe, 1920 to 1990:Products, Reputation, and Relationships", *Business History Review*, 73(2), pp.190-220.

Kipping, Matthias. (2002a) "Trapped in Their Wave:The evolution of management consultancies", *Critical Consulting New perspectives on the management advice industry*, Blackwell Oxford, pp.28-49.

Kipping, Matthias. (2002b) "Why management consulting developed so late in Japan and Does it, matter?", *Hitotsubashi Business Review*, 50(2), pp. 6-21,（太田理恵子訳「日本のコンサルティング市場の発展はなぜ遅れたのか？」）.
Kipping, Matthias, and Engwall, Lars, eds. (2002) *Management Consulting: Emergence and Dynamics of a Knowledge Industry*, Oxford University Press.
Kipping, Matthias, and Kudō, Akira, and Schröter, Harm G. (2004) *German and Japanese business in the boom years: transforming American management and technology models*, Psychology Press.
Kotler, Philip, et al. (2002) *Marketing Professional Services : forward-thinking strategies for boosting your business, your image, and your profits*, Prentice Hall Press,（白井義男監修『コトラーのプロフェッショナル・サービス・マーケティング』ピアソン・エデュケーション, 2002）.
Kubr, Milan. (2002) *Management consulting, A Guide to The Profession*, International Labour Organization,（水谷栄二監訳『経営コンサルティング』生産性出版, 2004）.
Levitt, Theodore. (1972) "Production-Line approach to service", *Harvard Business Review*, 50(5), pp.41-52,（編集部訳「サービスに生産ライン方式を　サービス・マニュファクチャリング」『ダイヤモンドハーバードビジネスレビュー』2001(11), pp.70-85）.
Levitt, Theodore. (1974) *Marketing for business growth*, New York: McGraw-Hill,（土岐坤訳『発展のマーケティング-「マーケティング発想法」再考-』ダイヤモンド社, 1975）.
Levitt, Theodore. (1976) "The Industrialization of Service", *Harvard Business Review*, 54(5), pp.63-74.
Levitt, Theodore. (1983) *The marketing imagination*, The Free Press,（土岐坤訳『マーケティングイマジネーション』ダイヤモンド社, 1984）.
Lorsch, Jay, and Tierney, Thomas J. (2002) *Aligning the stars: How to succeed when professionals drive results*, Harvard Business Review Press,（山本真司・大原聡訳『スター主義経営』東洋経済新報社, 2007）.
Lovelock, Christopher, and Wright, Lauren. (1999) *Principles of Service Marketing and Management*, Prentice Hall,（小宮路雅博監訳『サービス・マーケティング原理』白桃書房, 2002）.
Maister, David H. (1993) *Managing the Professional Service Firm*, The Free Press,（高橋俊介監訳『プロフェッショナル・サービス・ファーム』東洋経済新報社,

2002).

McDonald, Duff. (2013) *The Firm:The Story of McKinsey and Its Secret Influence on American Business,* Simon and Schuster, (日暮雅通訳『マッキンゼー－世界の経済・政治・軍事を動かす巨大コンサルティング・ファームの秘密』ダイヤモンド社, 2013).

Nelson, D. (1992). *A mental revolution: Scientific management since Taylor,* Ohio State University Press. (アメリカ労務管理士研究会訳『科学的管理の展開』税務経理協会, 1994).

Normann, Richard. (1991) *Service management-strategy and leadership in service business,* John Wiley & Sons, (近藤隆雄訳『サービス・マネジメント』NTT出版, 1993).

Northcraft, Gregory B., and Chase, Richard B. (1985) "Managing Service Demand at the Point of Delivery", *Academy of Management Review,* 10(1), pp.66-75.

O'Shea, James E., and Madigan, Charles. (1997) *Dangerous company: The consulting powerhouses and the businesses they save and ruin,* Times Books, (関根一彦訳『ザ・コンサルティングファーム』日経BP社, 1999).

Pinault, Lewis. (2000) *Consulting demons:Inside the unscrupulous world of global corporate consulting,* HarperBusiness, (森下賢一訳『コンサルティングの悪魔』徳間書店, 2000).

Rasiel, Ethan M. (1999) *The McKinsey Way,* New York:McGraw-Hill, (嶋本恵美・田代泰子訳『マッキンゼー式世界最強の仕事術』英治出版, 2001).

Robinson, P. J., Faris, C. W., & Wind, Y. (1967) *Industrial buying and creative marketing,* Allyn and Bacon.

Schein, Edger H. (1978) "The role of the consultant:Content expert or Process facilitator?", *The Personnel and Guidance Journal,* 56(7), pp.22-26.

Schlesinger, Leonard A., and Heskett, James L. (1991) *The Service-Driven Service Company,* Harvard Business Review Case Services, (A・シュレジンガー、J・L・ヘスケット「最前線の従業員重視のサービス企業モデル」、熊谷鉱司訳『Diamondハーバード・ビジネス』ダイヤモンド社, 1992(1), pp. 4-15。

Schmenner, Roger W. (1986) "How Can Service Businesses Survive and Prosper?" *Sloan Management Review,* 27(3), pp.21-32.

Suchman, M. C. (1995) Managing legitimacy: Strategic and institutional approaches, *Academy of management review,* 20 (3), pp.571-610.

Scott, Mark C. (2001) *The Professional Service Firm, :the manager's guide to maximising profit and value,* Chichester ua:Wiley.

Scott, W Richard. (1995) *Institutions and Organizations,* Sage Publications, (河野昭三・板橋慶明訳『制度と組織』税務経理協会, 1998).

Shapiro, Albert. (1985) *Managing professional people,* Free Press.

Sheth, J. N. (1973) "A Model of Industrial Buyer Behavior", *Journal of Marketing,* 37-October, pp.50-56.

Shostack, G.Lynn. (1977) "Breaking Free From Product Marketing", *The Journal of Marketing,* pp.73-80, (藤村和宏訳「モノ型マーケティングからの脱却」『マーケティングジャーナル』1991 (11), 41, pp.76-84).

Steele, Fritz. (1975) *Consulting for organizational change,* University of Massachusetts Press.

Stevens, Mark. (1981) *The Big Eight,* Scott Meredith Literary Agency, Inc, (明日山俊秀・信達郎共訳『ビッグ・エイト 知られざる会計帝国』日本経済新聞社, 1983).

Thite, M. (2004) *Managing People in the New Economy-Targeted HR Practices that Persuade People to Unlock their Knowledge Power,* Response Books.

Tierney, T, et al. (1999) "What Your Strategy for Managing Knowledge?", *Harvard Business Review,* 77(2) pp.106-116, (黒田由貴子訳「コンサルティングファームに学ぶ知の活用戦略」『ダイヤモンドハーバードビジネスレビュー』24 (5), pp.60-74).

Toffler, A. (1990) *Power shift: Knowledge, wealth, and violence at the edge of the 21st century,* Bantam.

Vargo, Stephen L., and Robert F. Lusch. (2004) "Evolving to a new dominant logic for marketing", *Journal of marketing,* 68(1), pp.1-17.

Webster, F. E. (1991) *Industrial Marketing Strategy, Third Edition,* John Wiley & Sons.

Webster, F. E., and Wind, Y (1972) "A General Model for Understanding Organizational Buying Behavior", *Journal of Marketing,* 36-April, pp.12-19.

Wilensky, Harold L. (1964) "The professionalization of everyone?", *American journal of sociology,* pp.137-158.

Yin, Robert K. (1994) *Case study research:Design and methods,* Thousands Oaks, Sage. (近藤公彦訳『ケース・スタディの方法』千倉書房, 1996).

アウトソーシング協議会（2000）『サービス産業競争力強化調査研究　アウトソーシング産業事業規模基本調査調査報告書』。
青井倫一（2005）「日本におけるビジネススクールの課題とKBSの挑戦」『オペレーションズ・リサーチ：経営の科学』50（12），pp.793-796。
アベグレン, J.C.・大谷彗（1967）「アメリカ企業の対日戦略」『中央公論』82(6)，pp.188-203。
新井健司（2008）「産業財マーケティングと消費者行動論の発展」『経済科学論究』5，pp.29-39。
荒木愛子（2000）「"プロ・コンサルタント第一号"荒木東一郎」『MANAGEMENT CONSULTANT』582, pp10-12。
石井淳蔵（1983）『流通におけるパワーと対立』千倉書房。
石岡雅憲（1994）「知識労働者の出現と経営学の変革」『現代科学論集』27・28, pp.12-26。
稲垣伸子（2003）「サービスマーケティングの生成とマーケティング理論のパラダイム」『商学研究論集』20, pp.389-406。
イノウ業界研究会（2008）『世界一わかりやすいコンサルティング』自由国民社。
今枝昌宏（2006）「製造業のサービス化とサービスマネジメントへの２つのアプローチ」『一橋ビジネスレビュー』54(2)，pp.36-50。
岩崎庄一（1974）「国際経営コンサルタント会議の動向と欧米における経営コンサルタント事情」『東洋研究』36, pp.13-35。
岩淵明男（1991）『アンダーセンコンサルティング　地球企業の21世紀戦略』ダイヤモンド社。
梅野巨利（2004）「経営コンサルティング企業経営史における主要課題」『兵庫県立大学神戸学園都市キャンパス学術研』55(6)，pp.1-31。
占部都美（1962）「経営多角化と事業部制」『中央公論』77(4)。
大石哲之（2004）『よくわかるコンサルティング業界（改訂版）』日本実業出版社。
大石哲之（2007）『よくわかるコンサルティング業界（改訂版）』日本実業出版社。
大友純（1999）「産業財マーケティング研究の特質と問題点」『経営学紀要』6(2)，pp.1-33。
大前研一（1975）『企業参謀』プレジデント社。
大前研一（1995）『大前研一敗戦記』文藝春秋。
加護野忠男（1999）『＜競争優位＞のシステム』PHP新書。
加護野忠男・井上達彦（2004）『事業システム戦略』有斐閣アルマ。
笠原英一（2002）「産業財市場における組織購買行動論と関係性マーケティングの統

合モデルに関する研究」『アジア太平洋研究科論集』4, pp.79-101。
門永宗之助（2003）「マッキンゼー：プロフェッショナリズムの本質」『ダイヤモンドハーバードビジネスレビュー』5, pp.34-51。
金沢尚基（2007）「サービス・マーケティング体系とサービスの商品戦略」『富士常葉大学研究紀要』7, pp.17-35。
神川貴実彦（2008）『コンサルティングの基本』日本実業出版社。
河﨑健一郎・アクセンチュアヒューマン・パフォーマンス・グループ（2003）『知識創造経営の実績』PHP研究所。
北村慶（2006）『外資系コンサルの真実』東洋経済新報社。
金成珠（2005）「マーケティングの新しい有意な論理の展開」『専修大学北海道短期大学紀要』38, pp. 1 -33。
窪谷治（1997）「拡大する法人向けプロフェッショナルサービス」『企業診断』5, pp.68-73。
経済産業省（1981）「特定産業サービス実態調査（経営コンサルタント）」。
国領二郎（1999）『オープン・アーキテクチャ戦略』ダイヤモンド社。
近藤隆雄（1999）『サービス・マーケティング』社会経済生産性本部。
近藤隆雄（2004）『サービス・マネジメント入門』生産性出版。
近藤利文（1982）「シンクタンク～日米比較とその将来～」『日本の科学者』17 (11), pp.583-589。
佐々木聡（1998a）『科学的管理法の日本的展開』有斐閣。
佐々木聡（1998b）「日本におけるコンサルティング業の生成と展開」『明治大学経営論集』45（2・3・4）, pp.45-61。
島津望（2005）『医療の質と患者満足−サービス・マーケティング・アプローチ−』千倉書房。
清水昭男（2005）『監査法人アーサー・アンダーセン』パンローリング株式会社。
週刊ダイヤモンド編集部（1998）『コンサルティング・ファームの仕事』ダイヤモンド社。
ジョブウェブコンサルティングファーム研究会（1999）『コンサルティング業界大研究』産学社。
ジョブウェブコンサルティングファーム研究会（2007）『コンサルティング業界大研究（改訂版）』産学社。
全日本能率連盟人間能力開発センター（1975）「知識労働者の職務及び管理に関する調査研究その1（要旨）」『能力開発シリーズ』。
全日本能率連盟（1989）「経営コンサルティングニーズの現状と展望に関する調査」。

ダイヤモンド会社探検隊（1999）『会社の歩き方2000　アンダーセンコンサルティング』ダイヤモンド社。
田尾雅夫（2001）『ヒューマン・サービスの経営』白桃書房。
高岡浩三・フィリップ・コトラー（2016）『マーケティングのすゝめ』中公新書ラクレ。
高嶋克義（1988）「産業財マーケティング論の現状と課題」『京都大学経済学会経済論集』142(1)，pp.133-154。
高嶋克義（1998）『生産財の取引戦略』千倉書房。
高嶋克義・南知恵子（2006）『生産財マーケティング』有斐閣。
高野太門（1969）「経営コンサルティングの基礎的考察」『商経学叢』39, pp.143-162。
高橋伸治（1993）『戦略経営のためのコンサルティング活用法』HBJ出版局。
高橋千枝子（2005）「プロフェッショナル・サービスのビジネスモデル〜知的生産サービスで高収益をもたらす仕組み〜コンサルティング業界を参考に」神戸大学経営学研究科修士論文。
高橋秀雄（1992）『サービス業の戦略的マーケティング』中央経済社。
高室裕史（2004a）「サービスマーケティングの特殊性に関する理論的系譜と現代的課題」『産業と経済』19（3・4），pp.197-218。
高室裕史（2004b）「サービス・マーケティング・マネジメント概念のジレンマ〜即時性概念への着眼を通して〜」神戸大学大学院経営学研究科博士論文。
高室裕史（2005）「サービス・マーケティングの特殊性に関する理論的考察」『産業と経済』20(3)，pp.189-203。
高室裕史（2009）「サービス・イノベーションの論点に関する一考察」『流通科学大学論集－流通・経営編』21(2)，pp.149-166。
竹村正明（2004）「ビジネス広告の理論的分析枠組み」『滋賀大学経済学部研究年報』11, pp.121-142。
田中滋監修・野村清著（2008）『サービス産業の発想と戦略』ランダムハウス講談社。
田村正紀（1989）『現代の市場戦略』日本経済新聞社。
都村長生・高橋俊介（1999）『コンサルタントは付加価値で勝負する』東洋経済新報社。
長尾周也（1995）『プロフェッショナルと組織』大阪府立大学経済研究叢書。
中島洋（2002）『アクセンチュア　価値の創造へ　7万5000人のビジネスエンジン』日経BP企画。
那野比古（2007）『ＩＴ・ソフトウェア－2009年度版』産学社。
並木高矣・斉藤毅憲・中嶋誉富・松本幹雄（1993）『モノづくりを一流にした男たち』

日刊工業新聞社。
西井進剛（2001）「知識移転と経営コンサルティングファーム」『星陵台論集』33(3)、pp.81-98。
西井進剛（2002）「経営コンサルティングファームのグローバリゼーション」『星陵台論集』35(1)、pp.99-119。
西井進剛（2003）「外資系経営コンサルティングファームの経営実態－アンケート調査の集計結果を中心に－」『星陵台論集』36(3)、pp.95-134。
西井進剛（2005）「経営コンサルティングファームの競争優位についての一考察」『商大論集』56(3)、pp.149-173。
西井進剛（2006）「知識集約型のビジネスモデル」『商大論集』57(3)、pp.259-299。
西田治子（2004）「コンサルティング業務をささえる情報・図書館業務」『情報の科学と技術』54(10)、pp.507-514。
野口悠紀雄（1974）『情報の経済理論』東洋経済新報社。
野中郁次郎・竹内弘高（1996）『知識創造企業』東洋経済新報社。
野中郁次郎・紺野登（1999）『知識経営のすすめ』ちくま新書。
野中郁次郎・梅本勝博（2001）「知識管理から知識経営へ－ナレッジマネジメントの最新動向－」『人口知能学会誌』16(1)、pp.4-14。
野村清（2008）『サービス産業の発想と戦略－モノからサービス経済へ』ランダムハウス講談社。
裴富吉（1997）「経営コンサルタントの草分け－荒木東一郎の奇跡：その活動と成果－」『大阪産業大学論集』108、pp.183-205。
羽田昇史（1998）『サービス経済と産業組織』同友館。
羽田昇史（2004）「サービス産業のマーケティング」『大阪明浄大学紀要』4、pp.105-116。
濱本幸宏（2008）「プロフェッショナルサービスにおけるマーケティング」『経営研究』22(1)、pp.33-54。
日詰慎一郎（2009）「プロフェッショナル組織の戦略と競争優位」『日本経営学会誌』23、pp.50-61。
平井泰太郎（1952）『経営コンサルタント』東洋書館。
廣川州伸（2005）『コンサル業界の動向とカラクリがよ～くわかる本』秀和システム。
福田康典（2002）「産業財マーケティングに関する研究アプローチの考察」『高崎経済大学論集』45(1)、pp.95-108。
藤村和宏（1991）「サービスの特質とサービス・マーケティング理論の必要性」『広島大学経済論集』14（3・4）、pp.185-216。

藤村和宏（2009）『医療サービスと顧客満足』医療文化社。
堀紘一（2001）『挑戦！夢があるからビジネスだ』プレジデント社。
堀紘一（2003）『超人脈力』講談社。
松永真理（2000）『iモード事件』角川書店。
松藤賢二郎（2004）「知識労働者の革新的管理」『東北大学経済学会研究年報経済学』66(1)，pp.161-183。
南方建明・酒井理（2006）『サービス産業の構造とマーケティング』中央経済社。
南知恵子（2005）『リレーションシップ・マーケティング』千倉書房。
南知恵子（2006）「生産財取引における関係構築戦略」『国民経済雑誌』194(2)，pp.65-76。
三輪卓巳（2009）「経営コンサルタントの自立的キャリアの実態の分析」『京都産業大学論集』26, pp.27-53。
みんなの就職コンサルティングキャリアグループ編集（2003）『コンサルティング業界　仕事と戦略』東洋経済新報社。
村上篤男（1992）「経営コンサルティング企業の戦略と組織」神戸大学経営学部研究科修士論文。
村上篤男（1993）「経営コンサルティング産業の構造分析」『六甲台論集』40(2)，pp.50-62。
村上篤男（1994a）「知的生産と組織的協働－経営コンサルティング企業の比較分析」『六甲台論集』40(4), pp.1-17。
村上篤男（1994b）「組織における知的生産－経営コンサルティング企業の理論的分析」『六甲台論集』41(2)，pp.126-136。
村上恭一（1995）「サービス活動の工業化戦略の終焉」『六甲台論集』41(4)，pp.1-13。
村上輝康（2012）「知識サービスマネジメント―その作法と骨法」東洋経済新報社。
森下二次也（1988）「サービス・マーケティングの特殊性・続論」『大阪学院大学商学論集』14(1)，pp.1-23。
森田松太郎（1998）『アンダーセン　発展の秘密』東洋経済新報社。
山田晃久（2007）「イノベーションにおける知識労働者に対するリーダーシップとそのマネジメント」『オイコノミカ（名古屋市立大学経済学会）』43（3・4），pp.139-151。
山田清機（2007）『青春支援企業－ドリームインキュベータは挑戦する』プレジデント社。
山本昭二（2000）「サービス・オペレーションの構造を考慮した戦略分類-低コストオペレーションの可能性-」『商学論究』47(5)，pp.19-38。

吉原英樹・佐久間昭光・伊丹敬之・加護野忠男（1981）『日本企業の多角化戦略～経営資源アプローチ』日本経済新聞社。

余田拓郎（1999）「インダストリアル・マーケティング研究の統合に向けての基本的考察－組織購買行動論の課題に基づいて」『オイコノミカ（名古屋市立大学経済学会）』35（3・4），pp.245-273。

余田拓郎（2000）『カスタマー・リレーションの戦略論理』白桃書房。

和田勲生（1995）『経営コンサルティングファーム』ダイヤモンド社。

『Communication inquiries』「アクセンチュアにおける人材育成」2005年2月号，pp.20-23。

『DECIDE』「「フォーチュン300社」にOB幹部を擁してM&A戦線でぶっちぎるマッキンゼー式「世界ワン・ファーム」」2005年2月号，pp.18-27。

『PRESIDENT』「3年で一人前！アクセンチュア式「網の目教育」」2007年6月4日号．pp.114-117。

『エコノミスト』「31カ国の頭脳集め経営の秘策売るマッキンゼー」1978年2月7日号，pp.94-95。

『月刊中小企業』「経営コンサルタントの実態」1971年4月号，pp.30-34。

『週刊東洋経済』「就職したい会社BEST300」2007年1月20日号，pp.75-77。

『週刊東洋経済』「トップの履歴書：日本ブーズ・アレン・アンド・ハミルトン社長西浦裕二」2001年3月24日号，p.74。

『人材教育』「外資系企業に学ぶ人材戦略 マッキンゼー・アンド・カンパニー」2000年4月号，pp.82-85。

『人材教育』「人材を輩出する企業 マッキンゼー・アンド・カンパニー」2000年10月号，pp24-27。

『人材教育』「知識共有から情報交換まで社員を幅広くサポートするアクセンチュアポータル」2007年12月号，pp.50-53。

『人材教育』「世界共通の人事制度が国を超えて人材を集め高パフォーマンスを生む」2009年3月号，pp.34-37。

『電気新聞』「アクセンチュア BPOサービスの概要」2015年8月17号，p.7。

『日経コンピュータ』「インタビュー アクセンチュア社長 程近智氏 囲い込みではなく信頼を得る」2006年4月17日号，pp.54-57。

『日本工業新聞』「経営一言／アクセンチュア・程近智社長「顧客に価値提案」2006年12月19日号，p.7。

索 引

■ 欧 文 ■

Analytical approach……………………64
BPO（ビジネスプロセスアウトソーシング）…95
ITコンサルティング ………45，49，168，172，186
MBA ……………………………………78

■ 人物・団体・企業名 ■

アーサーアンダーセン…45，89，168，172
アクセンチュア……………………………89
荒木東一郎………………………47，158
池田藤四郎………………………………156
上野陽一…………………………………158
大前研一…………………………………171
ジェームズ・O・マッキンゼー……63，163
社団法人日本能率協会………47，160
チャールズ・E・ブドー……………44，151
日本経営士会………………48，161，178
フレデリック・テイラー…………43，149
星野行則…………………………………156
ボストンコンサルティンググループ
………………………………167，169
堀紘一……………………………………169
マービン・バウワー…………45，64，163
マッキンゼー……………45，63，163，171

■ 事 項 ■

〔あ 行〕

アップ・オア・アウト…………………79
依存関係………………………………127
一体化………………………………132，137
イノベーション………………………189
黄金の人脈………………………………80

〔か 行〕

科学的管理法………………43，149，156
逆機能……………………………………31
経験型サービス…………………………24
効率型サービス…………………………24
顧客適応戦略……………………………26
コンサルティングサービス…………41
コンサルティングプロセス…………59
コンセンサス効果………………………11

〔さ 行〕

サービス…………………………………6
サービス工業化モデル………………29
シンクタンク……………………48，173
人的な知識集約性……………………85
頭脳型サービス…………………………23
生産財……………………………………4
生産財取引………………………………5
正当性…………………11，123，132，136
接点重視モデル…………………………31
専門職……………………………………1
戦略系コンサルティングファーム…44，48

〔た 行〕

第1のWave………………………43，47
第2のWave………………………44，48
第3のWave………………………45，49
チームアプローチ………………………68
知識財ジレンマ………………17，121
知識創造プロセス………………13，16
中小企業診断士…………………48，161
ツールとしての知識集約性…………115

〔は 行〕

パワー資源……………………………131

ビジネススクール………………………78
ビッグエイト……………………………45
標準化戦略………………………………27
ファームパワー……………………… 131
ファクトベース…………………………69
ファクトリーモデル……………… 105
ブドー・システム……………… 44, 152
プラクティス活動………………………72
プロセス・ファシリターター………10

プロフェッショナル…………………… 1
プロフェッショナルサービス……… 1, 21
ベストプラクティス…………………… 103

〔ら 行〕
連結者………………………79, 125, 183

〔わ 行〕
ワンファーム……………………… 81, 112

著者略歴

高橋　千枝子（たかはし・ちえこ）

1970年	石川県生まれ
1993年	神戸大学経済学部卒業
1993年	株式会社三和総合研究所入社
2005年	神戸大学大学院経営学研究科専門職学位課程修了　修士（経営学）
2010年	神戸大学大学院経営学研究科博士後期課程修了　　博士（商学）
（現職）	三菱UFJリサーチ＆コンサルティング株式会社
	コンサルティング・国際事業本部　チーフコンサルタント

都市銀行系シンクタンク、三和総合研究所（現在の三菱UFJリサーチ＆コンサルティング）に入社後、消費財・サービス関連企業のマーケティングリサーチや事業戦略策定、ブランド開発やCI戦略、M&A支援など多数のコンサルティングに従事。神戸大学経営学研究科研究員。日本マーケティング学会理事。著書に『図解　健康業界ハンドブック』（東洋経済新報社）、『高くても売れる！7つの法則』（ダイヤモンド社）等。
（連絡先）chietaka0521@gmail.com

碩学叢書

プロフェッショナルサービスのビジネスモデル
：コンサルティングファームの比較事例分析

2017年5月15日　第1版第1刷発行

著　者	高橋　千枝子	
発行者	石井　淳蔵	
発行所	㈱碩学舎	
	〒101-0052　東京都千代田区神田小川町2-1　木村ビル10F	
	TEL 0120-778-079　FAX 03-5577-4624	
	E-mail info @ sekigakusha.com	
	URL http://www.sekigakusha.com	
発売元	㈱中央経済グループパブリッシング	
	〒101-0051　東京都千代田区神田神保町1-31-2	
	TEL03-3293-3381　FAX03-3291-4437	
印　刷	東光整版印刷㈱	
製　本	誠製本㈱	

Ⓒ 2017 Printed in Japan

＊落丁，乱丁本は，送料発売元負担にてお取り替えいたします。
ISBN 978-4-502-21901-6 C3034

本書の全部または一部を無断で複写複製（コピー）することは，
著作権法上での例外を除き，禁じられています。

碩学舎ビジネス双書

コトラー
8つの成長戦略
―低成長時代に勝ち残る戦略的マーケティング

四六判・344頁

フィリップ・コトラー＋
ミルトン・コトラー　［著］

嶋口　充輝＋竹村　正明　［監訳］

リーマンショック後、世界経済は低成長地域と高成長地域で2分されている。日本を含む低成長地域の企業が持続的に成長するための8つの成長戦略とは何か。マーケティング界の巨人、コトラーが鮮やかに示す。兄弟初の邦訳。

コトラー
世界都市間競争
―マーケティングの未来

四六判・344頁

フィリップ・コトラー＋
ミルトン・コトラー　［著］

竹村　正明　［監訳］

世界的に都市人口への集中が進む中、企業は成長戦略を国家ではなく都市を念頭に描くべきだ。企業はどう都市を捉え、国家や都市は企業とどう連携すべきか。コトラー兄弟が語る。

発行所：碩学舎　　発売元：中央経済社